A BELEZA
IMPOSSÍVEL

Dados Internacionais de Catalogação na Publicação (CIP)
(Câmara Brasileira do Livro, SP, Brasil)

Moreno, Rachel
   A beleza impossível : mulher, mídia e consumo / Rachel Moreno.
São Paulo : Ágora, 2008.

   Bibliografia
   ISBN 978-85-7183-048-6

   1. Beleza corporal 2. Beleza feminina (Estética) 3. Comunicação de massa - Influência 4. Consumo (Economia) 5. Mídia (Propaganda) 6. Mulheres - Comportamento 7. Publicidade I. Título.

08-03186   CDD-302.23082

Índices para catálogo sistemático:
1. Beleza feminina e mídia : Ciências sociais   302.23082
2. Mídia e beleza das mulheres : Ciências sociais   302.23082

Compre em lugar de fotocopiar.
Cada real que você dá por um livro recompensa seus autores
e os convida a produzir mais sobre o tema;
incentiva seus editores a encomendar, traduzir e publicar
outras obras sobre o assunto;
e paga aos livreiros por estocar e levar até você livros
para a sua informação e o seu entretenimento.
Cada real que você dá pela fotocópia não autorizada de um livro
financia um crime
e ajuda a matar a produção intelectual de seu país.

A BELEZA IMPOSSÍVEL

mulher, mídia e consumo

Rachel Moreno

Editora
ÁGORA

A BELEZA IMPOSSÍVEL
Mulher, mídia e consumo
Copyright © 2008 by Rachel Moreno
Direitos desta edição reservados por Summus Editorial

Editora executiva: **Soraia Bini Cury**
Assistentes editoriais: **Bibiana Leme e Martha Lopes**
Capa, projeto gráfico e diagramação: **Gabrielly Silva**

Editora Ágora
Departamento editorial:
Rua Itapicuru, 613 – 7º andar
05006-000 – São Paulo – SP
Fone: (11) 3872-3322
Fax: (11) 3872-7476
http://www.editoraagora.com.br
e-mail: agora@editoraagora.com.br

Atendimento ao consumidor:
Summus Editorial
Fone: (11) 3865-9890

Vendas por atacado:
Fone: (11) 3873-8638
Fax: (11) 3873-7085
e-mail: vendas@summus.com.br

Impresso no Brasil

SUMÁRIO

Apresentação 7
1. *Pour être belle...* 11
2. Breve história da beleza 15
3. A mulher brasileira hoje 23
4. A formação da subjetividade 29
5. O que se vê e se produz na mídia 39
6. A Vênus negra 49
7. Obesas e gordinhas 53
8. A velha 57
9. *Mea-culpa* 61
10. Os homens 65
11. O consumo 67
12. O que se faz e se deixa de fazer 71
13. A saída? 77
Referências bibliográficas 79

APRESENTAÇÃO

Aprendi a sobreviver à discriminação que as crianças magras exercem sobre as mais gordinhas – que são sempre as últimas a ser escolhidas para os times dos jogos no recreio e tendem a ser postas à parte em situações que implicam alguma habilidade física, em brincadeiras tão comuns na infância. Em conseqüência disso, eu lia bastante e era boa aluna, o que me ajudou a preservar alguma dose de auto-estima e a ter certo descaso para com o corpo. Assim, quando o estirão da adolescência me fez emagrecer, o olhar interessado dos meninos mais me incomodava do que estimulava.

Mais tarde, como feminista envolvida desde 1974 nas questões de gênero e na organização desse movimento, fui percebendo a possibilidade – e a necessidade – de transformar a realidade vivida pelas mulheres. Fomos nos juntando, discutindo e organizando debates e manifestações exigindo creches para os filhos das mulheres que delas necessitassem – afinal, os filhos não são só da mãe, representam uma necessidade social (a próxima geração); pressionando pela abertura de campos de trabalho, pela equiparação salarial, pelo respeito à diversidade, pela licença-maternidade e licença-paternidade, pelo direito à informação e ao acesso a métodos contraceptivos, pelo atendimento à saúde integral em todas as fases da vida da mulher (e não só na fase reprodutiva), contra a violência à mulher (atuando no primeiro SOS Mulher, em 1980, em São Paulo), protestando contra a imagem da mulher na mídia etc. Com o somatório dos esforços de todas, muitas coisas mudaram para as mulheres nestes últimos trinta e poucos anos.

Mas, apesar de nossa ação e dos avanços, as mulheres continuam se preocupando com a aparência, dedicando muito tempo e dinheiro para correr atrás de uma imagem idealizada e inalcançável – e esse fenômeno se estende inclusive às próprias feministas.

Como psicóloga e profissional de pesquisa, sei como a publicidade capta os desejos do público e desenvolve campanhas que captam a atenção, sensibilizam, emocionam. Os cidadãos e cidadãs, reduzidos à dimensão de consumidores, introjetam esses elementos e os transformam em aspiração.

No dia 8 de março (Dia Internacional da Mulher) de 2007, aconteceu nossa tradicional passeata na Avenida Paulista. Naquele dia, o presidente dos Estados Unidos, George Bush, brindava-nos com sua passagem por São Paulo. Indignadas com sua política externa e com a guerra no Iraque, portávamos cartazes de protesto. A certa altura, a polícia reprimiu a manifestação, lançando bombas "de efeito moral" que feriram algumas das manifestantes (uma delas teve de ser hospitalizada), assustaram as que levavam as cadeirantes que abriam a passeata e provocaram pânico em duas mulheres que pularam de cima do vão do Masp, machucando pés e pernas.

Dividida entre ficar na passeata para apoiar as companheiras ou cumprir o compromisso anteriormente assumido, saí de lá para dar uma entrevista a um telejornal da TV Cultura, pronta para denunciar a violência contra nossa manifestação, como sempre pacífica. Surpreendi-me com perguntas e mais perguntas sobre a importância da beleza para as mulheres. A indignação com os acontecimentos me deu o tom certo para replicar às perguntas feitas e estender a questão da beleza ao próprio entrevistador de cabelo tingido. Sorrisos na equipe técnica presente.

Do outro lado da cidade, Soraia Cury, editora deste livro, dava de mamar à sua filha recém-nascida, assistindo aos noticiários da TV – e me viu. Gostou do que ouviu e me convidou a escrever este livro. Confesso que no início resisti. Depois de um tempo, me dei conta de que os demônios servem para ser exorcizados e de que um livro a respeito do tema talvez pudesse ajudar as mulheres a combater a força avassaladora que nos obriga a tudo fazer em nome da beleza – e a nada merecer se não atingirmos a impossível perfeição.

Depois, a produção do texto me envolveu e me levou às páginas finais. Espero que você goste e o recomende a outras mulheres, jovens, velhas, magras, gordas, brancas, negras, de todas as cores do arco-íris, belas ou nem tanto; e a homens – que nos atormentam e começam a se atormentar com esse mito produzido e inflacionado da beleza.

Além da Soraia, quero agradecer ao Xandão, meu companheiro, pelo incentivo e pela leitura crítica, e particularmente à minha filha, Julia – que, depois de resistir, finalmente leu, numa sentada só, o que eu havia escrito e levantou-se não só fazendo alguns reparos pertinentes como pensando numa lista de amigas que deveriam lê-lo, quando pronto. E ao Michel, meu filho adolescente, que sempre vê as pessoas para muito além de sua aparência superficial.

1. POUR ÊTRE BELLE...

A ferro quente me retorciam os cabelos para formar cachos... Que derreteram junto com a vela enorme que eu segurava, bem no meio da cerimônia. Enquanto a vela me queimava as mãos, eu sentia vontade de sumir do mapa, vontade que crescia à medida que o cabelo se esticava por vontade própria, me deixando com a cara lambida, como atesta a fotografia tirada no dia em que era preciso ser bela – ao menos no dia do casamento de minha tia, em que eu era uma dama de honra um tanto gordinha, de cara achatada, metida num longo vestido branco desconfortável.

Anos depois, me vejo passando a ferro, sobre papel de seda, os lindos cabelos dourados e naturalmente encaracolados de minha irmã, que os queria lisos, escorridos, sem volume e passíveis de ser jogados para trás, num movimento charmoso e displicente da cabeça, como faziam as modelos na propaganda de xampu da TV.

Pout être belle, il faut souffrir.[1]

Hoje, revejo um anúncio premiado de uma linha de cosméticos que mostra não haver mulher que um bom programa de edição de imagens

---
1 Para ser bela há de sofrer.

não possa transformar em beldade... E as pobres mulheres incautas, do outro lado do anúncio, acreditam piamente nessa beleza, incorporam-na como desejável, natural e possível, querem-na para si. E cobram isso de si mesmas.

Afinal, pensando bem, tal expectativa não parece absurda.

Cremes faciais e corporais garantem tirar manchas, cravos, espinhas, rugas, imperfeições; devolver a elasticidade, o brilho e a beleza da pele. Os cosméticos disfarçarão os resíduos da imperfeição e realçarão o belo, eclipsando os sinais menores sob o bronzeamento artificial (que dá o tom exato, qualquer que seja a estação do ano).

Dietas – das mais conservadoras às mais mirabolantes – garantem a perda de toneladas por semana. Academias, *spas*, lipoaspiração e *personal trainers* juram fazer de você uma nova mulher. E, se nada der certo, ainda restam as cirurgias de estômago que, aí sim, deixarão você esbelta e bela como sempre sonhou... "O que você faria com uns quilos a menos?", pergunta a propaganda de TV, insinuando praia de biquíni, sexo finalmente desinibido e satisfatório e outras coisas mais.

Claro que umas operaçõezinhas plásticas cá e lá ajudam a recolocar a pele no lugar depois da perda do peso excessivo. E também podem ser utilizadas para repuxar os olhos, encurtar o nariz, erguer os cantos da boca, dar um realce na fisionomia, no pescoço, na papada (onde quer que ela esteja).

Como alternativa, ou junto com isso, um tantinho de silicone aqui e ali – nas pálpebras, nas maçãs do rosto, no queixo, enchendo os lábios de dura sensualidade, tornando os seios túrgidos, a bunda arrebitada na medida certa – fará de você a pessoa que sempre quis ser. Botox também ajuda. Não há sonho de beleza que um habilidoso cirurgião e alguns produtos não possam ajudar a realizar.

O plano de saúde ou suaves prestações mensais deixaram essas maravilhas ao alcance de todas. Só não são belas e perfeitas as mulheres relaxadas, as que "não têm um pingo de vaidade" (note bem, vaidade hoje tem sempre conotação positiva) ou as bem pobrinhas... E você não quer se enquadrar em nenhum desses casos, não é verdade?

Durante toda a minha infância, minha mãe controlou minha alimentação – só meio pãozinho, nada de banana, só uma colher de arroz... Não é à toa que hoje adoro pão, arroz e banana... A demanda reprimida transformou esses alimentos em objetos do desejo. Sinto a boca cheia de saliva só de escrever a esse respeito!

A rotina em casa passava também por flexões diárias para reduzir minha barriga saliente, coordenadas por meu pai, confortável e displicentemente instalado na cama enquanto contava – um, dois, três –, até minha exaustão, sem que adiantasse nada, até o meu estirão de adolescência, que aproveitou tudo nos meus novíssimos e bem distribuídos 160 centímetros de altura. Mais uma vitória do espírito sobre a matéria!

O ideal de beleza cria um desejo de perfeição, introjetado e imperativo. Ansiedade, inadequação e baixa auto-estima são os primeiros efeitos colaterais desse mecanismo. Os mais complexos podem ser a bulimia e a anorexia, além de grande parte do orçamento familiar gasto em produtos e serviços ligados à estética.

No Brasil, a questão é séria, embora ainda não tenha merecido nenhuma medida governamental, como ocorreu, por exemplo, na Inglaterra – onde o governo interferiu nas dimensões da Barbie, responsabilizada pelo impacto, na rede de saúde pública, de problemas de bulimia e anorexia.

Mas, afinal, por que é tão séria essa questão? Não estaremos diante da chamada "natural vaidade feminina"? Não será exagero considerar o "eterno feminino" um problema? A partir de agora, tentaremos desconstruir esse processo para aumentar sua transparência e, assim, dimensioná-lo de forma mais crível.

2. BREVE HISTÓRIA DA BELEZA

Estudiosos da história da beleza feminina mostram que, do século XVI para cá, ocorreu uma lenta descoberta de territórios e objetos corporais que foram insensivelmente valorizados.

Ao longo dos tempos, como mostra Georges Vigarello (2006), passamos da valorização inicial das superfícies (a pele do rosto, o colo) à observação dos volumes do corpo, depois à sinalização da mobilidade para, finalmente, chegar à profundidade (da expressão dos sentimentos, do bem-estar, da alma), mudando e ampliando os parâmetros da beleza feminina.

A mudança também se dá na ampliação do que é considerado relevante na apreciação da beleza. No século XVI, a ênfase recaía sobre a parte de cima do corpo – a delicadeza da tez, a intensidade dos olhos, a regularidade dos traços. Surgiram, então, o empoamento do rosto, os espartilhos e os regimes episódicos contra a obesidade, salientando sempre o rosto, os ombros, o busto, para os quais a parte inferior do corpo serve apenas de pedestal.

Nos séculos seguintes, começa a valorização das partes mais baixas – a linha dos flancos, o impulso dos apoios: as pernas, os quadris, a cintura. O penteado também evolui, acompanhando e compondo a cabeça.

No século XVI, buclês e frisados subordinam-se à fisionomia. Depois, começam a se diversificar, mas ainda como estilos definidos e limitados. Só anos mais tarde é que os cabeleireiros aos poucos impõem uma "arte do penteado" e seu próprio reconhecimento oficial. O retrocesso das perucas, no fim do século XVIII, e a busca da personalização dos penteados (que se tornam "arranjos", convergência entre o "espírito do rosto" e o "artifício do cabelo") favoreceram esse processo. Os cosméticos seguem a mesma necessidade de se adaptar a cada pessoa, variando em tons e misturas ou, ainda, em sua origem, atestando os primórdios da busca da individualização.

No século XVIII, a arte de individualizar complementa a visão do conjunto da silhueta, sendo a beleza individual e a singularidade realçadas e encorajadas. É a expansão do indivíduo, da identidade

Mais recentemente, a aparência do conjunto passa a ser valorizada: a verticalidade, o porte do busto, o alinhamento das costas (e, conseqüentemente, a exigência do afinamento dos quadris e do alongamento das pernas).

As mudanças na cultura se fizeram acompanhar das diferenças na postura. Das silhuetas aristocráticas (ombros para trás, barriga saliente, cabeça recuada, honra e arqueadura do cortesão clássico) passamos às silhuetas pós-revolucionárias (ombros e cabeça avançados, torso desdobrado, cintura apertada, segurança, vontade de fazer, contorno do corpo humano firmemente delineado).

AS MUDANÇAS

As novas relações entre os gêneros se refletem na modificação dos modelos de beleza.

A mudança do relacionamento entre homens e mulheres, transformando as relações de dependência e a divisão de papéis sexuais, leva à transformação do modelo de mulher. Esta, que até então sinalizava acolhimento ou inatividade, evolui até incorporar o modelo de mulher ativa, com iniciativa e trabalho – mesmo que essas atividades correspondam mais a um desejo ou ao imaginário social feminino do que a uma realidade efetivamente vivida.

O século XIX vê grandes mudanças no que se refere à mulher. Os acontecimentos de 1789 também encorajaram algumas mulheres a denunciar a sujeição em que eram mantidas e que se manifestava em todas as esferas da existência: jurídica, política, econômica, educacional etc. A participação das mulheres na Revolução Francesa e as reivindicações que se seguiram (Olympe de Gouges redige a Declaração dos Direitos da Mulher e Cidadã), assim como o movimento sufragista na Inglaterra – inicialmente lutando pelo direito ao voto, mas estendendo essa reivindicação à educação, participação e igualdade no trabalho –, sinalizam uma nova onda pela liberação feminina.

E assim, no fim do século XIX, o corpo da mulher se torna mais "livre", passando a ser representado e a estar presente também no espaço público. A beleza passa a sinalizar uma mulher mais autônoma, que trabalha e usufrui de uma liberdade conquistada e maior. A mulher passa a ter mais atividade e há uma aceitação progressiva do movimento na estética física. A beleza fica mais dinâmica, incorporando leveza e libertação. O andar mais parece passo de dança, música, expressando tonicidade.

Mas o olhar se torna mais agudo no século XX, e ausculta mais. Louis Alquier, em 1924, confirma a "descoberta" da celulite – "grânulos de nodosidade" perceptíveis, nas mulheres, "sob a pele ao ser beliscada" –, a sensação de "pele de casca de laranja" obtida quando a epiderme é franzida. A celulite nasce, portanto, de um exercício distinto do olhar e das mãos. O corpo, mais do que antes, é minuciosamente examinado, e passamos a ter designações de "infiltrações intersticiais", matérias "invasivas", depósitos "linfáticos", entre outras coisas, a nos torturar.

Começa-se a falar de eliminação cirúrgica das rugas. Clínicas, cirurgias, cosméticos e produtos se multiplicam, prometendo a escultura de si. Muda a forma do corpo feminino, que passa da sinuosidade de um S para a magreza e a postura de um I.

Finalmente, nos últimos tempos, a beleza se psicologiza e passa a incorporar a expressão – o olhar revelando o íntimo, a interioridade sinalizando a ascendência da consciência, os olhos como mensageiros da alma.

A BELEZA HOJE

O sonho da beleza absoluta se desfaz e se multiplica – cede seu lugar às belezas singulares.

Durante algum tempo, os cortes de cabelo *à la garçonne* sinalizam igualdade – pela primeira vez, a mulher abre mão voluntariamente desse importante artifício de beleza – os cabelos longos.

A indiferenciação se estende posteriormente à vestimenta e à aparência dos cabelos masculinos e femininos – é a época dos Beatles, dos *hippies*, de Woodstock.

Mas a reação não se faz esperar. O desejo de liberdade e individuação é incorporado, transformando a expressão de si num *must* de responsabilidade de cada mulher, que passa a sinalizar o estado da alma, o reflexo da psiquê.

"A coqueteria é uma necessidade, até mesmo uma necessidade essencial", disse Vaillant-Couturier, no *Humanité*, de 1933 (*apud* Vigarello, 2006, p. 146).

Assim, aos poucos, ao mesmo tempo que traduz a leveza, a mobilidade e o "estar de bem consigo mesma", a beleza se "democratiza" e parece estar, conseqüentemente, "ao alcance de todas". Centenas de instrumentos, produtos e procedimentos hoje à venda "garantem", com preços e condições de pagamento, que o desejo será realizado por quase todas. Hoje, só não é bela quem não quer ou não tiver um mínimo de vaidade.

O espelho e a balança pessoal entraram em cena no fim do século XIX. Depois disso, a magreza avançou, sinalizando leveza, mobilidade e reflexo da psiquê. As gordas passam a ser vistas como relaxadas ou como mulheres que compensam frustrações diversas por meio da comida. Não estão "de bem com a vida" e levam a culpa pelo sobrepeso, que nada mais traduz do que seu desequilíbrio psicofísico-emocional. Pelo menos é assim que são vistas.

A ditadura do peso se impõe de forma cada vez mais draconiana, como podemos ver na Tabela 1, que mostra gritantes diferenças entre o peso e as medidas considerados ideais ao longo de algumas décadas.

Tabela 1 – Silhueta ideal para uma mulher de 1,68m

	1933	2001
Peso	60 kg	48 kg
Busto	88 cm	90 cm
Cintura	70 cm	58 cm
Quadris	90 cm	88 cm

Fonte: Vigarello, 2006.

AI, QUE FOME!

Reproduzo a seguir um diálogo protagonizado por militantes do movimento negro. Vê-se, na fala dessas mulheres, como a ditadura da beleza se impõe até às mais informadas.

— *Verdade verdadeira, aqui entre nós, alguém vai dizer que não está gorda, que não precisa emagrecer um pouco mais?*
— *Eu sou uma que já perdi tudo e não consegui ficar satisfeita. Estou sofrendo de verdade. Perdi 7 quilos em vinte dias, é uma loucura! Eu quero ficar feliz com o meu corpo e não adianta, é mentira. Eu não estou feliz e tenho pouquíssimas amigas que estejam...*
— *É essa ditadura! Olhe o nosso inverno e veja o que as meninas estão usando, uma bota que se usa na Suíça.*
— *Gente, Papai Noel!...*
— *O que é isso? Nós dizemos que a propaganda não nos influencia, mas eles gastam milhões de reais em trinta segundos! Não gastariam essa fortuna se não tivessem certeza de retorno!*
— *Tem razão...*
— *Precisamos ser sinceras. Eu, por exemplo, sou absolutamente influenciada por essa coisa do corpo.*

A ROUPA ACOMPANHA

O corpete entra em cena no século XII, seguido tempos depois pelo espartilho – que vai e vem, apertando a cinturinha. O corpete introduz o início da diferença entre as vestimentas masculinas e as femininas, que vai se acentuando com o passar do tempo, embora sofra um ou outro momento de contestação.

Os gêneros se diferenciam, a riqueza é sinalizada por meio da abundância de tecido, em saias que se sobrepõem, em fazendas mais suntuosas e elegantes, em bordados que se insinuam por sob a anágua.

No bojo da revolução e das guerras, a vestimenta se modifica. Depois retoma seus frufrus. Até que surge Coco Chanel, na década de 1920, pregando a funcionalidade acima de tudo.

Hoje, com a magreza em moda, há queixas sobre o encolhimento das dimensões da roupa feminina, que deve ter resultado na otimização do aproveitamento máximo do tecido. Mas o segmento das mais cheinhas hoje parece interessar – a moda para GG lança um novo mote publicitário "Acredite, *fashion* mesmo é ser saudável!".

Isso porque, segundo as consultoras de moda, "muitas confecções já perceberam a demanda e estão fabricando modelos interessantes para as mais avantajadas, seguindo o mesmo padrão das magrinhas, só que com números maiores. "Então, não é porque você está usando calça 46 que não vai poder ficar na moda, não é mesmo?", diz Nívea Heluey no site criaturagg.com.br, que oferece uma revista *on-line* às gordinhas.

Lamentavelmente, porém, os preços são sempre bem mais exorbitantes do que a quantidade a mais de tecido que a roupa necessariamente incorpora – o que não parece compatível com a famosa lei da oferta e da procura, já que a população de gordas, gordinhas e obesas anda crescendo no Brasil e no mundo. A esse fenômeno se alia a mistura de raças e etnias que compõem a mulher brasileira. Devido a uma dose de matriz africana, nossos quadris e bundas tendem a ser mais avantajados do que em outras combinações ou em outros países.

OS PÉS

A moda se estende da cabeça aos pés. Cabelos, penteados, vestimenta e os chamados acessórios – cintos, echarpes, lenços, bolsas e sapatos, que não escapam do olhar crítico e dos ditames. Saltos altos, bicos finos, canos altos ou baixos, sempre em pés mimosos e elegantes (eu sempre tive a impressão de que o sapato feminino foi o primeiro instrumento de tortura inventado para a mulher). Isso sem falar nos pés enfaixados das orientais, atrofiando seu crescimento para mantê-los do tamanho dos pés de bonecas de louça...

Passamos séculos aprendendo a nos equilibrar e a andar elegantemente, ou mesmo a correr de modo displicente, de salto alto. Séculos em que ensaiávamos, desde meninas, com os saltos altos da mamãe. Finalmente, porém, começam a surgir algumas falas sobre o prejuízo conseqüente na coluna (hiperlordose), e mais mulheres decidem aderir a sapatos confortáveis e de alturas menos vertiginosas, ainda que haja pelo menos um par de saltos altos em todos os armários femininos.

Mas a cada ação das mulheres imediatamente se prepara uma reação em sentido oposto. E hoje uma ou outra voz se levanta – amplificada pela mídia, sempre a serviço do consumo – para espalhar a "descoberta" de que o salto alto favoreceria o relaxamento e o fortalecimento dos músculos da região pélvica, relacionados ao orgasmo! Compre sapatos luís-quinze e tenha seu orgasmo garantido! Será que saltos mais altos também garantem orgasmos múltiplos?

A ROUPA ÍNTIMA

A preocupação com a roupa e a moda se estende para além do que alcança o olhar. Do corpete à combinação, à anágua, às meias com cinta-liga, às meias-calças, aos sutiãs, às calcinhas, ao fio-dental, a moda se interioriza e mapeia cada milímetro do corpo. Importam mais a aparência e a plasticidade do que o conforto e a saúde.

Assim, pouco importa se calcinhas de náilon e fibra sintética aumentam a temperatura local, que assim se torna ideal para a proliferação de bactérias, corrimentos e afecções vaginais. O que importa é que essas peças sejam belas e modernas, relegando a moldes antiquados o bom e velho algodão e os demais tecidos naturais.

E, se o corrimento se avoluma, novas peças são inventadas para se acoplar à roupa – desde o "absorvente íntimo de todos os dias", colado no fundo da calcinha (que não mais respira), até os odores e sabores diferenciados que os produtos de higiene íntima hoje garantem, sempre pouco preocupados com os efeitos sobre a pele e a auto-estima das que os usam (e das que não têm condições de comprá-los).

A MULHER
3. BRASILEIRA HOJE

Aos trancos e barrancos, cresce o número de mulheres brasileiras que chefiam suas famílias, sendo as únicas responsáveis por seu sustento, enquanto as demais são crescentemente responsáveis por uma boa proporção do orçamento familiar. Estamos presentes no trabalho, na labuta, nos esportes, na política, nos espetáculos, na rua e em casa.

Acumulamos funções e tarefas – trabalhamos mais horas por dia porque juntamos ao que já fazíamos o trabalho chamado "produtivo" (designação que torna "improdutivo" o trabalho doméstico – apesar de necessário para gerar, criar e devolver ao "mercado" a força de trabalho desta e da próxima geração).

Decidimo-nos preparar para a vida e hoje, no Brasil, acumulamos quatro anos a mais de estudo que a média da população. Estamos em todas as faculdades, estudando física, química, matemática, engenharia, psicologia, letras, línguas, informática, oceanografia etc.

Estamos presentes no mercado de trabalho – do formal ao informal – em todos os tipos de serviço e em todos os escalões (embora menos do que merecêssemos nos escalões superiores, e ainda ganhando menos, mesmo com trabalho igual, em função de um preconceito que convém ao sistema nutrir, para aumentar os ganhos...).

Vivemos hoje uma sexualidade mais livre – embora esta, como as demais, tenha sido uma meia revolução, uma revolução traída, que terminou nos dando acesso e permissão para partilhar os valores masculinos (permissividade, desempenho, iniciativa) sem que tenham sido incorporados os valores femininos (emoção, envolvimento, afeto).

Mas as mulheres continuam sendo chamadas de "minoria política", e não entendemos bem por quê. Por vezes nos designam também com os dizeres "As mulheres são o negro do mundo". E continuamos sendo tratadas na mídia como se ainda estivéssemos nos primórdios do século XVIII. E, contraditoriamente, nos atribuem a maior revolução do século XX.

Onde fixar o começo dessa discussão?

Não data de hoje a opressão das mulheres, e a História é pontuada de nossas tentativas e lutas para modificar a situação.

Para as mais afeitas às religiões modernas, poderíamos falar da revolta de Lilith contra a ordem instituída, defendida por Adão. Para as que passeiam com mais familiaridade pelo campo dos teóricos marxistas, poderíamos lembrar que a configuração da forma moderna de família, território e propriedade não se fez sem luta e resistência. Para as que preferem que nos fixemos em território nacional, poderíamos falar das amazonas, que também lutaram contra a dominação estabelecida sobre as mulheres. Mas talvez seja mais cauteloso e breve nos fixarmos nos limites da História moderna, pulando também as greves de sexo da Grécia Clássica e outras manifestações históricas.

Assim, no século XVII, as feministas da época, acreditando que a falta de acesso da mulher à educação fosse a base de sua opressão, reivindicaram-na como direito e obtiveram uma vitória histórica. Dois séculos depois, constatando a perpetuação de sua opressão (apesar de já poderem se educar), as sufragistas resolveram creditá-la à falta de direitos políticos e mudaram o foco de atuação, lutando pelo direito ao voto feminino.

DUROS TEMPOS DE BONANÇA

Anos 1960 do século XX: "A imaginação no poder", clamava o movimento estudantil. Tempo de barricadas na França, de mobilizações contra a ditadura no Brasil. Tanto lá quanto cá, assim como em todas as lutas libertárias que se seguiram ao período, as mulheres se fizeram presentes, lado a lado, ombro a ombro. Mas servir o cafezinho ao companheiro ou voltar para casa uma vez conquistada a batalha deixou um gosto de quero mais na boca das mulheres. Uma nova onda do feminismo nasceria dali.

No Brasil, em seus primórdios, o feminismo foi caricaturizado como coisa de mulher mal-amada. A pobre Betty Freidan foi imortalizada no *Pasquim* num ângulo que lhe ressaltava a feiúra. Como se ser "feia" (não corresponder aos padrões estéticos dominantes na época) fosse pecado capital e desqualificasse todos os seus argumentos.

Mas, aos poucos, foi sendo construído um feminismo à brasileira, e novas possibilidades de "ser mulher" começavam a despontar como alternativas válidas à exigüidade de modelos de valores e jeitos de ser. A independência financeira, a autonomia, a legitimação de formas variadas de realização, abrindo o leque casa–cozinha–crianças, redimensionou as fronteiras do possível. A mulher passou a poder não querer casar ou não querer ter filhos, ocupada que estava em construir novas alternativas, novos horizontes.

Aos poucos, a sociedade tentou recuperar ao menos parcialmente o desgarramento conseqüente. As mulheres podiam até trabalhar e ser bem-sucedidas, desde que "não perdessem a feminilidade", o senso de maternidade e de culpa – o pecado original, a má consciência de não estar se dedicando plenamente aos filhos. Mas a coisa ia, avançava...

Mais dinheiro significava mais potencial de consumo e necessidade de descobrir novas formas de gastar. Mais consumo feminino... Um espaço a ser aproveitado pelo sistema. Um espaço, portanto, contraditório – fluxos nômades que tanto poderiam transformar a sociedade, subvertendo a ordem instituída, quanto ser cooptados, domesticados, ressignificados pelo sistema, em busca de "mais do mesmo".

Vejamos um retrato rápido da situação em que hoje nos encontramos.

OS NÚMEROS NÃO MENTEM

Os números, que costumam exercer fascínio sobre quem os vê, mostram com clareza quanto ainda temos de mudar o cenário para chegar à efetiva igualdade entre os gêneros, com o devido respeito à especificidade de cada um.

Pesquisa do World Economic Forum, publicada por Lopez-Claros e Zahidi em 2005 e realizada entre 58 países "desenvolvidos e emergentes", mostra o Brasil em 51º lugar no que se refere ao tratamento igualitário entre os gêneros. Os dados também indicam que conseguimos avanços na educação e na oportunidade de trabalho. Mas ficam ainda a nos dever na igualdade de remuneração e no acesso ao poder político, além de poderem melhorar muito no que se refere a saúde e direitos reprodutivos.

As mulheres estão bem melhor, portanto, no item "sucesso educacional" (27º lugar), porque batalharam, foram à escola e, hoje, têm mais tempo de estudo em todos os cargos ocupados no mercado de trabalho e em todos os níveis sociais.

Esse esforço nos abriu o acesso ao mercado de trabalho, não restrito apenas a empregos sem qualificação e de baixa renda. Mas, ironia fina, essa situação *não* se reflete na equiparação salarial. Isso ocorre porque quem se beneficia ainda mais do nosso desempenho na escola ou no mercado de trabalho é quem nos contrata... por salários menores.

O principal beneficiário é o capital, o contratante. Os prejudicados são, em primeiro lugar, nós mulheres (mais anos de estudo, bom desempenho, dupla jornada e... salário menor). Mas, coladinhos a nós, estão todos os trabalhadores que, dentro em breve, vão se dar conta do que significa ter de enfrentar a concorrência de trabalhadoras mais bem formadas, que rendem bem e ganham menos.

Por enquanto, somos as mais pobres entre os pobres (e também entre os remediados e os ricos), embora, cada vez mais, sejamos chefes de família ou simplesmente as principais responsáveis por sua manutenção. Por isso, hoje a pobreza tem cara e cor – tem a cara de uma mulher negra.

QUEM DISCUTE O QUÊ?

Mas onde estão representados a diversidade, a atividade e o ativismo femininos? Onde essas questões são discutidas, a não ser num grupo de acadêmicas condescendentemente admitidas no círculo dos intelectuais? Ou entre nós, no movimento feminista? Para quem não é "da roda", onde estamos nós? E onde estão nossos valores, nossas demandas, nossas batalhas, nossos avanços e retrocessos, nossos aportes?

"Precisa-se de 50 negras, jovens, acima de 1,65m. Para servir de recepcionistas num encontro – uma das comemorações do Dia da Consciência Negra", diz um anúncio que circulou pela internet. Faltou pedir boa aparência, ou todos os critérios de competência estão aí estabelecidos? Um metro e sessenta e cinco centímetros de pura competência negra! Nem um milímetro nem um pixel de sépia a menos bastariam!

4. A FORMAÇÃO DA SUBJETIVIDADE

A industrialização trouxe uma série de transformações. Em seus primórdios, ainda no século XVII, foi responsável por mudanças na estrutura da sociedade que resultaram na revolução burguesa. Seu avanço no século XIX mais uma vez acarretou a migração do campo para a cidade, formalizando a família nuclear em contraposição às grandes famílias ampliadas que dividiam produção, tarefas e cuidados.

Com a família nuclear monogâmica, surge a figura da dona-de-casa, sobre os ombros de quem recaem os cuidados domésticos e a reprodução e reposição da vida. Os médicos higienistas reforçam sua importância como donas-de-casa, com os cuidados a ser tomados para prevenir as doenças e epidemias trazidas pela nova concentração. E, se a mulher das classes mais pobres sempre trabalhou, surge a figura de dona-de-casa e mãe como modelo idealizado.

A INFLUÊNCIA DA MÍDIA

Já o século XX, traz a necessidade de unificar os gostos e padrões, para dar vazão à nova forma de produção. A mídia vem ao encontro dessa nova necessidade, pasteurizando e propagandeando modelos, produtos e estilos de vida. O cinema leva aos quatro cantos do mundo o *American way of life*, transformado no modelo a que todos aspiram.

A beleza não escapa da mesma lógica. Os rostos ampliados na tela de cinema, livres de qualquer imperfeição, elevam o grau de exigência da própria aparência. O loiro platinado, que ganha destaque e luminosidade nos filmes em preto-e-branco, passa a ser o novo ideal. A sensualidade assumida de Brigitte Bardot, em *E Deus criou a mulher*[2], respondendo aos avanços femininos na sociedade, passa a ser esperada em todas as mulheres.

E os totens e modelos desfilam, se movimentam, falam, dançam, cantam e se reproduzem numa mídia que se multiplica e se sofistica. Que prepara para o consumo de massa: a sociedade de consumo.

Vejamos o que diz sobre o assunto uma militante do movimento negro:

— Minha filha de 12 anos é facilmente influenciada pelos padrões que estão sendo mostrados, e eu fico horrorizada com a (novela) Belíssima. Minha filha é pequena e gorda, e a belíssima que abre o programa é aquela coisa que dá para ver todos os ossos do corpo. Sem contar que ela é branca, magra, não tem nada a ver com a gente que está desse lado. Então, isso me incomoda demais. Eu digo a ela: "Filha, você acha isso bonito?", porque ela sofre por ser gorda.

É inegável a influência da mídia hoje, particularmente da TV, na *formação da subjetividade* da população. Os modelos – de valor, beleza, felicidade – são *introjetados* desde a mais tenra infância e passam a ser *modelos aspiracionais*. É com a Barbie ou a Gisele Bündchen que as meninas e mulheres querem se parecer hoje. Afinal, ambas são referência de como a sociedade nos vê, nos quer e nos valoriza.

Assim, vamos sendo sutil e eficazmente colonizadas. Não à força, não com repressão, mas com a produção dessa infinitude de imagens

---

2 Filme francês de 1956 dirigido por Roger Vadim. Desejada pelos homens e socialmente isolada por conta de seu comportamento liberal, a jovem Juliete, vivida por Bardot, apaixona-se por um homem, mas acaba casando com o irmão deste. À época do lançamento, a obra foi censurada nos Estados Unidos.

que seduzem, ocupam e moldam nosso imaginário. Por um lado, a beleza deve ser individualizada, refletir o bem-estar interior e a personalidade. Por outro, somos bombardeadas por imagens e modelos de beleza que nos observam dos *outdoors*, das bancas de jornal, da capa das revistas, do cinema, da TV, e, lentamente, invadem nosso subconsciente e vão ocupando o lugar de *referência*.

Como demonstra Foucault (2007), essa é uma forma de controle social sutil e eficiente, que se dá não por intermédio de regras, imposições e repressão, mas pela *produção de imagens* socialmente valorizadas – o poder não só reprime como produz efeitos de veracidade e saber, constituindo verdades, práticas e subjetividades. Ao final, essas imagens que a mídia produz terminam sendo *introjetadas* e se tornando um *padrão aspiracional,* parte importante na *formação de nossa subjetividade.*

Vamos entender melhor como isso se passa?

A criança nasce num mundo em que percebe a presença de outros seres, já com códigos e valores estabelecidos, e a necessidade de ser aceita para sobreviver. Aos poucos, vai descobrindo, decodificando e reproduzindo esses códigos e valores, tentando construir seu *eu social,* seu *pertencimento global.* Para isso, observa o mundo ao redor, percebe o que se faz, o que é – e não é – aceito e valorizado, aprende a decodificá-lo, conhecer seus valores e portar-se em conformidade com isso. Aprende a sorrir, a seduzir, a se expressar e se comportar conforme os padrões exigidos e valorizados em seu meio.

Por outro lado, temos a busca da particularização. Afinal, ninguém quer ser uma cópia absoluta dos demais que o cercam. Ao crescer, queremo-nos *individualizar,* nos tornar um *eu único,* com discurso e estilo próprios. E nos concedemos alguns graus de liberdade no nosso jeito de ser e parecer, já que assim nos permitem.

É da combinação dessas duas tendências que formamos nossa maneira de ser, nossa *subjetividade*. O mundo e as imagens que nos cercam são parâmetros que observamos, selecionamos, adotamos ou rejeitamos para formar nossa subjetividade. E, nos encontros com o mundo social, vamos aprendendo quem somos e os limites da definição que damos de nós.

A consciência é, portanto, uma potência de articulação de símbolos, aprendidos numa trajetória no mundo social.

Uma vez estabelecida a base, as pessoas se expõem a outras situações, percebem algumas (e outras, não) e atribuem-lhes sentido, fazendo associações entre o que percebem e seu conhecimento anterior. Tudo sempre mediado socialmente. A civilização é uma instância poderosa de canalização e educação do desejo, de maneira a orientar e auxiliar cada qual a perceber o que é desejável (isto é, o que é permitido desejar) e o que é indesejável (o que é proibido desejar).

O processo é construído lentamente. Quando nascemos, queremos realizar imediatamente todos os nossos desejos, suprir todas as nossas carências e sentir o prazer que isso oferece – saciar a fome, ficar quentinha, encostada no peito ou colo da mãe, como se esta fosse nossa própria extensão ou uma propriedade sempre ao alcance do grito ou do choro.

Nascemos, uma espécie de marco zero da existência. Nascemos 100% id, 100% pulsão. Nascemos pelo princípio de prazer. E, portanto, lutamos para satisfazer imediata e radicalmente nossas pulsões. Desde então, aprendemos lentamente os limites do que podemos e do que esperam de nós – hora certa para dormir e acordar, hora certa para ter fome e se alimentar, o que podemos desejar, quando, como e que desejos podemos realizar. À custa de choro não atendido ou distraído, à custa da repressão e da sublimação de nossos desejos, vamo-nos "civilizando".

Nos espaços de visibilidade do que a sociedade aprova, temos a mídia e, reinando soberana, a TV – nossa "janela para o mundo", na qual imagens, interpretações e valores se sucedem, dirigindo e ampliando nossa percepção do mundo.

O APORTE DA CIÊNCIA

De acordo com uma pesquisa realizada em 2004 pela Unilever, fabricante dos produtos Dove:

- Em nível global, existe uma relação significativa entre a satisfação com o físico e o senso de autovalor da mulher.

- Quando a mulher tem um senso de autovalor positivo, é mais propensa a estar satisfeita com seu físico.
- Em comparação, quando tem uma opinião negativa sobre si, é menos propensa a estar satisfeita com seu físico.
- Para metade das mulheres estudadas, que tinham entre 15 e 64 anos, o vínculo é claro: elas dizem que, quando se sentem mal em relação a si mesmas, isso geralmente tem que ver com sua aparência ou seu peso. Esse vínculo é mais forte entre as meninas e as mulheres mais novas, que têm entre 15 e 29 anos.

Por distração, alheamento, alienação ou engano, freqüentemente algum cientista – de trabalho patrocinado ou não por empresa relacionada e com interesse particular no tema pesquisado – traça conclusões universais com base em sua percepção de um momento historicamente determinado e limitado. E o resultado obtido em séculos de modelagem do comportamento e dos valores, inculcados desde a mais tenra infância, mantidos e reforçados pela publicidade, termina sendo considerado "natural" e estudado cientificamente.

Assim, discorrendo sobre as regras e os mecanismos constitutivos da formação da imagem corporal, Paul Schilder (2000) salienta a maior importância "naturalmente" atribuída à beleza pelas mulheres. Como se a cultura não tivesse historicamente construído essa maior importância...

Em uma sociedade de consumo como a nossa, essas constatações são mais monitoradas porque produzem subsídios para a adequação da eufemisticamente chamada "comunicação comercial" (publicidade), que ajusta o foco para canalizar "demandas" e "oportunidades" sugeridas pelo quadro, ao mesmo tempo que reajusta, realinha ou realimenta atitudes e valores aí envolvidos.

A pesquisa Dove/Unilever constata ainda que:

- Em nível global, quando as mulheres estão bem consigo mesmas, isso se projeta em confiança, saúde, energia e inteligência, bem como na sensação de ser amada, sentimentos que promovem engajamento na vida cotidiana.

- O sentimento de confiança era o mais importante tanto para as meninas (15–17 anos) quanto para as mulheres (18–64 anos). Em seguida, sentir-se energizada, para meninas; e sentir-se amada, para mulheres.
- Questões associadas à aparência, tais como se sentir bela e atraente, receberam as menores pontuações – mas eram freqüentemente mencionadas pelas meninas.
- Sentir-se confiante teve as maiores pontuações na América do Norte, no Brasil e na Europa, enquanto se sentir saudável era mais importante na Ásia e se sentir amada, na Arábia Saudita.
- Embora menos significativo, em nível global, sentir-se bela recebeu a maior pontuação no Brasil, enquanto se sentir popular teve a maior pontuação na Ásia e na Alemanha.

Diversos autores teorizam sobre a inter-relação entre auto-imagem corporal e auto-estima. Segundo eles, nossa auto-estima e sexualidade satisfatórias decorreriam de uma imagem corporal também satisfatória.

A pesquisa Dove/Unilever confirma tal impressão:

- Em nível global, quando as mulheres (15–64 anos) se sentem mal em relação a si mesmas, isso se projeta em sentimentos de cansaço e insegurança – o que as faz evitar algumas situações.
- Freqüentemente, as meninas (15–17 anos) associam sentir-se mal a sentimentos de insegurança, enquanto as mulheres (18–64 anos) são mais propensas a associar mal-estar a cansaço.
- Além de cansaço e insegurança, sentir-se mal também era associado a dúvidas sobre o físico e a imagem corporal: sentir-se gorda, para meninas; e sentir-se fora de forma, para mulheres.
- Meninas são significativamente mais propensas a relatar que se acham burras ou feias quando se sentem mal em relação a si mesmas.
- No Brasil, as mulheres não querem se sentir feias. Na Ásia, não querem se sentir burras; no Japão, indesejáveis. Na Alemanha, temem não se sentir saudáveis.

Mas o que significa "imagem corporal satisfatória" senão aquela adequada aos padrões estéticos determinados em cada época e objetos de um bombardeamento de imagens pela mídia? Pessoas com imagem corporal positiva são mais bem ajustadas, dizem Thompson e Green (1986). Assim como a imagem corporal negativa é associada à dificuldade de estabelecer e manter relacionamentos intensos. As mulheres são mais preocupadas com a aparência, afirmam Cash e Henry (1995). E, segundo Wheeler, Reis e Nezlek (1983), existiria uma relação positiva entre percepção de atratividade do corpo e intimidade satisfatória, satisfação e responsividade a situações sociais.

Em todos esses casos, a teoria científica parece acorrer em defesa da racionalidade e da seriedade dos conceitos e práticas emitidos, prestando-se, ainda que inconscientemente, a acobertar os fatos decorrentes sob um manto de legitimação e teorização "científica". De certa forma, naturaliza o que na verdade seria uma construção social datada e fortemente elaborada segundo interesses de segmentos sociais específicos.

Fato semelhante ocorreu com relação à importância da socialização precoce das crianças *versus* a importância da mãe para o desenvolvimento infantil. Bowlby (2002) teorizou sobre a relevância da presença materna junto do filho para que este se desenvolva melhor, num movimento compatível com o que costuma ocorrer no pós-guerra para estimular o retorno das mulheres ao lar, para que os homens – voltando para casa – pudessem tornar a ocupar as vagas abandonadas para irem ao *front*. Hoje, ao contrário, com a absorção das mulheres pelo mercado de trabalho, a teoria do desenvolvimento enfatiza a importância da creche e da socialização precoce para o desenvolvimento da criança.

AS PULSÕES DESEJANTES

Se, em algum momento da história, nossa libido foi canalizada pela atividade produtiva (pois dedicamos nossas horas de maior energia e vigor ao trabalho), neste momento em que o sistema se reorganiza e passa de um modelo de produção taylorista para outro, de transição, surgem novas formas, mais difusas porém regradas, de canalizar nossa libido. Elas pontificam, ditam regras, hábitos e modas, no recôndito do nosso jeito de ser. A beleza, a moda, os cheiros permitidos e omitidos, o desejo – tudo passa a ser controlado pelas regras implícitas do jogo sutil da sedução.

Nesse processo, podemos considerar que o corpo talvez seja tão socializado quanto o pensamento, a consciência e os conceitos. Ao nos aplaudir e nos reprimir, ao nos bombardear com imagens de sucesso e beleza, estilos de vida e valores, a sociedade também nos condiciona a desejar "a", "b" ou "c" e a não desejar "d", "e" e "f". E passamos a gostar, a vibrar e a nos excitar com coisas socialmente determinadas. É claro que algumas vozes críticas sempre se levantam. Desejos e possibilidades, novas formas de viver o prazer e a sexualidade surgem assim e têm seu tempo de contestação e ameaça, até que reaparecem, inoculados e neutralizados, na próxima novela das oito, na emissora de maior audiência.

Histórias e mais histórias ilustrariam nosso esforço de adaptação aos padrões sociais – e a suas mudanças. No conformismo aos padrões impostos, e mesmo em sua contestação, batalhamos, crescemos e nos impusemos normas, padrões e metas. Mas, feito avestruz que tudo engole e tudo digere, nossos esforços e contribuições foram digeridos pelo sistema e, mesmo nas pequenas e grandes revoluções cotidianas – como no caso da chamada "revolução sexual" –, valores e aportes que questionavam o núcleo das questões ficaram à margem.

A MÍDIA NADA INVENTA?

Há quem diga que a mídia nada inventa – só mostra e reproduz os feitos e valores da sociedade. Essa afirmação é de uma verdade relativa. Realmente a TV nada inventa ou cria, mas ela *capta e seleciona* determinados comportamentos, valores, figuras ou atitudes e decide dar visibilidade a eles, em detrimento dos demais. O efeito dessa exposição ampliada é líquido e certo: o que se torna visível vira referência ou moda.

Assim, a mídia (como parte do sistema) capta – e não inventa – o que Guattari e Deleuze (1996) chamam de *fluxos nômades*, desterritorializando-os e ressignificando-os. Um exemplo pode ajudar a reconhecer esse mecanismo: a "calça rancheira" ou jeans surrada que se usava nas passeatas estudantis dos anos 1960 – baratas, confortáveis, velhas e práticas para correr da polícia, se esta resolvesse reprimir a manifestação.

Na época, aquela calça, combinada com o "quedes" (como se designava o precursor do tênis), facilitava andar, correr, pular obstáculos, fugir da polícia. Mas, além disso, sinalizava também a rejeição ao consumo, tendência marcante entre os jovens não-conformistas daquele período – a calça era realmente velha e, por isso, desbotada. Hoje, a calça jeans é *stone washed* e cuidadosamente rasgada, vendida a preços exorbitantes nas melhores lojas do ramo. Os tênis passaram a ser de marca. Mudaram de época, de território e de significado – hoje esses mesmos objetos valem pela grife que exibem e sinalizam não mais o repúdio à sociedade de consumo, mas justamente o poder de compra e a capacidade de acompanhar a moda.

Hoje, olhando para as imagens e modelos de beleza que me observam e desafiam, nos *outdoors*, nas capas de revistas expostas nas bancas de jornal, nos exemplos e receitas de beleza expostos nos anúncios, artigos e programas nas revistas e na TV, nas mulheres que aparecem na programação televisiva, o que vejo? Vejo mulheres jovens (sempre jovens), brancas (sempre brancas), magras (sempre magras), de pele lisa e contornos perfeitos, de cabelos lisos ou apenas levemente encaracolados e preferencialmente loiras. Gisele Bündchen é, hoje, o padrão de beleza brasileira. Mas quantas de nós podem se parecer com ela?

E, no entanto, a mulher brasileira é hoje resultante de uma mescla de raças e etnias, em que se amalgamaram brancas, negras e índias, com uma pitada posterior de japonesas, árabes e tantas mais. Nossa beleza vem justamente da diversidade. E nossa diversidade tem características absolutamente diferentes do modelo eurocêntrico idealizado com que nos bombardeiam.

Somos brancas, negras, mulatas, índias, mestiças, nisseis, sanseis. Temos curvas generosas que advêm dessa mistura de raças/etnias que nos compõe. Somos magras e gordas; crianças, jovens e velhas

– nossa população já exibe índices respeitáveis de mulheres de "terceira idade"; somos altas, baixas, de estatura mediana. Temos o frescor da juventude e a beleza da maturidade. E somos, fundamentalmente, uma nação de mulheres em movimento.

Além disso, em nossa história recente, fomos co-responsáveis por uma série de mudanças políticas da maior importância – bradamos panelas vazias em marchas pelas ruas, apoiamos os trabalhadores em greve por seus direitos (muitas de nós chegaram a condicionar a recepção dos maridos em casa à sua participação nas reivindicações), organizamos o movimento de solidariedade aos trabalhadores e os fundos de greve, bem como o movimento feminino pela anistia, dando início à reivindicação que se fez vitoriosa, engrossamos o movimento pela democratização do regime e pelo fim da ditadura. Em toda a América Latina, assim como ocorreu nos demais países e regiões em conflito, participamos da luta pela democracia, pela independência, pela liberdade social e política.

Em seguida, ou em paralelo, levantamos reivindicações de nosso interesse imediato e nos organizamos para vê-las atendidas. Queríamos licença-maternidade para nós e creches para nossos filhos. Batalhamos pelo direito de ir ao banheiro no trabalho sem ter o tempo controlado. Banimos o controle humilhante da possibilidade de gravidez (muitas fábricas exigiam que a mulher mostrasse o absorvente manchado de sangue, comprovando que, naquele mês, não estava grávida). Reivindicamos o direito à informação sobre nosso corpo e o acesso aos métodos contraceptivos, para nos possibilitar o planejamento familiar. Exigimos atendimento à saúde em todas as fases da vida – e não apenas na reprodutiva. Exigimos o direito de ir e vir sozinhas sem ser incomodadas ou consideradas inadequadas. Batalhamos pelo reconhecimento da existência e pela punição da violência contra as mulheres. Reivindicamos salário igual para trabalho igual.

Estamos ainda num processo de incorporação desses e de outros tantos direitos reivindicados e mudanças. Mas, reconhecem os sociólogos e historiadores, fomos responsáveis pela maior revolução do século XX. Então, quando chegaremos lá?

O QUE SE VÊ
5. E SE PRODUZ NA MÍDIA

Hoje, no Brasil, estão em discussão os novos meios de comunicação e o relacionamento entre eles. Televisão, telefonia, internet, mídia no ônibus, no aeroporto, nos aviões e nos táxis somam-se à mídia impressa e ao rádio, cercando-nos de imagens de mulheres. Modelos de como devem ser uma boa menina e uma mulher bonita, exemplo de felicidade, estilos de vida, valores. Imagens que repetem, insistem, complementam-se e somam na mesma mensagem, sobre como nos querem e como deveríamos gostar de ser.

E o que se vê? O corpo feminino aos pedaços. Foco nos pedaços – nos peitos, na bunda. Desumanizando. Reduzindo à dimensão de uma fatia bem torneada de músculo, de carne à espera do consumo, o que deveria ser um ser humano complexo. A parte pelo todo. A melhor parte? "O melhor movimento das mulheres é o dos quadris", disse Millôr Fernandes.

Diante da multiplicação das cenas de violência, que acontecem em nove de dez filmes e, de forma ainda mais marcante, na programação televisiva, que resultado se alcança? A violência passa a ser banalizada e o nível de tolerância a ela aumenta. Os filmes ficam mais universais e exigem menos despesas para tradução e adaptação a outros países.

E, para se tornar ainda mais palatável, a violência se erotiza. Cenas de violência sexual são exibidas nos mais diversos horários e mídias. E subentendem ou mostram um jogo de sedução, força, domínio, desejo e submissão entre os sexos.

O caminho para a sedução é palmilhado de produtos, brilhos, atitudes e aparências. Jogos de cena, gestos que as mulheres aprendem desde cedo, desde crianças – lembram da pequena Miss Sunshine[3] imitando trejeitos e bocas das *misses* que observava na TV? Não é esse também o modelo que a Xuxa representa para legiões de telespectadoras de seus programas infantis?

E, uma vez atraída a atenção, qual é o papel complementar esperado? E qual é a atitude a ser adotada?

O *outdoor* de uma calça jeans de marca famosa mostra uma mulher lânguida aos pés de um homem de torso nu e de jeans de zíper aberto. Outra, deitada e vestida apenas de jeans, olha sensualmente para o lado, enquanto um homem a consome. Num terceiro *outdoor*, outra, finalmente, vestida de preto, com uma fenda lateral na saia, está deitada no chão, sob um homem de pé que a segura pelos ombros, enquanto outros homens assistem, entre interessados e passivos, ao que pode ser uma cena de estupro.

A sedução continua sendo um *must*, e a submissão da mulher é subentendida e implicitamente recomendada. Em tempos de emancipação feminina, é o discurso que vem na contramão, sugerindo puxar o breque. Por quê?

PRODUÇÃO TOTAL

A produção dessa beleza é simplesmente total. Engloba a roupa, os cabelos, o andar, o cheiro, os valores, os modelos possíveis de felicidade.

---

[3] *Little Miss Sunshine*, filme independente americano dirigido por Jonathan Dayton e Valerie Faris, ganhou diversos prêmios, inclusive o Oscar de melhor ator coadjuvante (Alan Arkin). Lançado em 2006, mostra uma família completamente desestruturada que se une com o objetivo de levar a caçula, Olive, de 9 anos, a um concurso de beleza. Crítica ácida aos valores americanos de *status*, beleza e poder.

A roupa

A roupa vem gastando cada vez menos tecido (os modelitos estão mais estreitos e magros), exigindo que a mulher ande na moda e ao mesmo tempo se personalize. Como, com essa produção em série? As cheinhas e as gordas que se virem.

Os acessórios

Atentando para todos os detalhes – os sapatos; a bolsa; o cinto ora mais largo, ora mais estreito, ora caído displicentemente, ora acentuando a cinturinha; a roupa de baixo, o que se veste por baixo dela ou seus recheios (absorventes, enchimentos).

Os cabelos

Antigamente o cabelo era lavado com sabão de coco, considerado mais puro e neutro do que os demais. Depois, passamos aos xampus. Em seguida, a uma variedade de produtos, dependendo do que se descobriu serem três tipos de cabelo – normais, secos, oleosos.

Hoje, temos xampus para cabelos tingidos, descoloridos, grisalhos e cacheados; xampus anti*frizz*, anticaspa, antiqueda, anti-resíduos, xampus para cabelos loiros e cabelos escuros; xampus para uso diário, que tingem lavando; xampus sem sal, de PH neutro, para cabelos danificados; xampus reparadores, nutritivos, extravolume, redutores de volume, hidratantes; xampus de chocolate, limão, camomila, ervas mil, inúmeras combinações... por enquanto. Além disso, ainda temos condicionadores, cremes umidificadores, tônicos capilares, máscaras restauradoras, máscaras nutritivas etc.

Ou seja, o cabelo passou a ser não só lavado e limpo, mas também modificado, corrigido e tratado com base em um batalhão de "problemas" e "necessidades" que, sem saber, você tinha... Tudo passa a ser possível, todas as "correções" e modificações, para ter o cabelo de seus sonhos. Tudo é válido para obter o efeito impossível, de duração efêmera e fugaz...

Isso sem falar na escova definitiva, na escova progressiva, na escova de chocolate, na escova de leite... milhares de fragrâncias para esconder o cheiro de formol. Para as que temem a química existe a opção das pranchas alisadoras de todos os tipos. E viva a chapinha!

O andar

O que colocar nos pés e como movê-los também tem sido objeto de uma atenção cada vez maior. Sim, porque uma mulher não pode ser elegante se não estiver calçando um sapato condizente!

E o sapato pode ser fechado, aberto, sem salto, com salto dos mais diversos tipos e tamanhos, pode ser bota, sandália, tamanco, plataforma, de pano, de couro, de plástico, com ou sem brilho, de cano alto, médio, baixo, com ou sem pedras e brilho, miçangas, desenhos, bordados, chinelo de dedo, com ou sem presilha – enfim, o pé virou fetiche, assim como o que se veste nele. Que, por sua vez, pode combinar com a roupa e com o cinto, ou com nada disso.

O uso do salto já foi associado a males como a esquizofrenia. Sem tanto exagero, parece razoável supor que o empinamento resultante do bumbum deva afetar de alguma forma a coluna, que se reapruma para se adequar à nova definição de centro de gravidade que daí resulta.

Há pouco tempo, possivelmente para recuperar o terreno perdido, começaram a surgir estudos como o que foi noticiado no jornal eletrônico da BBC, em 2008[4] – sem que se saiba a quem atribuir o patrocínio –, que buscam comprovar *benefícios* decorrentes do uso de salto alto.

> Um estudo feito por uma cientista italiana indica que usar sapato com salto de até 7 cm pode ajudar a relaxar e a fortalecer os músculos da região pélvica, relacionados ao orgasmo. Maria Cerruto, urologista da Universidade de Verona, examinou durante dois anos 66 mulheres com menos de 50 anos que ainda não estavam na menopausa para entender a relação entre as diferentes partes do corpo e a região da pélvis. Os testes foram feitos com mulheres em pé e paradas. A pesquisadora percebeu, ao colocar as mulheres num plano inclinado oscilante que simulava o

---

4 http://www.bbc.co.uk/portuguese/reporterbbc/story/2008/02/080205_saltoalto_sexorg.shtml. Acesso em março de 2008.

uso do sapato de salto alto e variava o grau de inclinação, que surgiam diferentes tipos de reflexo na região pélvica. O estudo demonstrou que usar salto pode provocar o relaxamento da musculatura pélvica, levando a uma contração melhor daquela área. "Da mesma forma que há ligação entre uma alteração da mandíbula e a postura, do ponto de vista urológico uma diferente posição do tornozelo pode influenciar a atitude do pavimento pélvico", explicou Cerruto em entrevista à BBC Brasil.

Finalmente, além de decidir o que colocar nos pés, devemos aprender a movê-los da forma mais adequada, segundo os tempos, a classe e o efeito que desejamos obter. Andar levemente, flutuando, dançando, correndo, rápida ou lentamente, com um espaço mínimo entre as passadas, com grandes passadas, com passos decididos, atrás do homem, ao lado dele, sozinha, sempre acompanhada.

A roupa íntima

Sutiãs, calcinhas, tangas fio-dental: a moda se interioriza e mapeia cada milímetro do corpo, ditando o que vestir e a silhueta desejável, ora apertando para minimizar as dimensões, ora preenchendo, acentuando ou aumentando curvaturas.

O cheiro

"90% do que fica no primeiro encontro: o perfume", diz um comercial veiculado na TV. Há uma base real nessa afirmação, embora com um falso preciosismo no cálculo da importância. Afinal, o cheiro é, em todo o reino animal, uma característica sexual secundária. A velha "química" que, não sabemos bem por quê, nos atrai ou repele.

O cheiro de uma fêmea sinaliza ao macho quando ela está no cio. E, como mamíferos que somos, não escapamos da regra. Mas, desde o momento em que a sexualidade teve de ser socialmente regulada, particularmente em situações contraditórias (grandes densidades populacionais, promovendo múltiplas possibilidades de encontros nos quais a sexualidade pudesse – ou não pudesse – expressar-se), a atenuação ou eliminação desse sinalizador passou a ser conveniente. Os higienistas deram também sua contribuição, e os banhos e a desodorização foram ampliando seu espaço, sua função.

Mas, como não poderíamos abrir mão de um sinalizador tão poderoso em nome das conveniências sociais, os cheiros corporais foram sendo substituídos por cheiros socialmente aceitos e valorizados. Cheiro de limpeza, cheiro de talco, de colônia, de perfume – outros tantos sinalizadores a serem usados com recato, habilidade ou exuberância.

Odores naturais e hábitos de higiene simples passam à categoria de rusticidade. O cheiro do corpo saudável, que era natural e ainda hoje é uma característica sexual secundária, passa a ser algo que deve ser disfarçado, ocultado, modificado... Até chegarmos ao absurdo da mais nova descoberta: o poder de sedução dos perfumes feitos à base de feromônios – justamente os que, no início dessa historinha, sinalizavam a disposição hormonal e a disponibilidade sexual!

Obviamente, não voltamos ao começo. Entre o cheiro natural de uma fêmea no cio e o novo perfume à base de feromônio há todo um caminho de códigos e toda uma indústria que se estabelece e prospera. Indústria essa tão firmemente estabelecida que as meninas já começam cedo a se perfumar e, quando chega a idade de os hormônios aflorarem, preocupam-se em escolher seu perfume, aquele que gostariam de ter como marca olfativa.

Os valores

A novela, a propaganda, os programas de variedade e as revistas femininas insistem nos mesmos valores e criam um ambiente favorável e compatível à venda dos produtos que os sustentam. Assim, os programas de culinária escolhem receitas com os produtos da marca anunciante ou cuja conta gostariam de atrair, as revistas femininas gastam páginas e mais páginas falando de beleza, dietas e moda para atrair e/ou justificar a propaganda de cosméticos, de produtos para regimes, de médicos e serviços voltados à produção e manutenção da beleza. Na programação televisiva, os mesmos valores tradicionais se repetem em cenas que caracterizam estilos de vida e modelos de felicidade que o sistema quer ver reproduzidos.

A mulher retratada na mídia tem de ser casada ou aspirar ao casamento, ter filhos ou aspirar à maternidade, ser ou parecer jovem, ser vaidosa, cuidada. Ser branca, heterossexual, monogâmica, fiel, comportada, decidir mais com a emoção do que com a razão, ser sensível e delicada, preocupar-se mais em cuidar dos outros do que com qualquer outra questão, mesmo que trabalhe e tenha grandes responsabilidades profissionais ou políticas.

Como se fosse um produto para consumo certo e seguro, garantindo uma sensação de adequação/inadequação e de desgosto/gozo passageiro. Certo porque inescapável, cercados que estamos de imagens e mensagens que promovem esses valores. Passageiro porque a ilusão se desfaz e a felicidade e beleza almejadas não vêm com o produto que parecia prometê-las.

Os modelos de felicidade

A mídia, com seus estereótipos multiplicados ao infinito, fornece modelos de felicidade, de bom/premiado e mau/punido comportamento. Mostra apenas o que considera preocupações e problemas "legítimos", invisibilizando, ridicularizando ou criminalizando alternativas e questionamentos que não lhe interessa divulgar. E, mais do que simplesmente oferecer modelos de felicidade e de comportamento "adequado" e valorizado, "oferece" a chance de se identificar e assim ser identificada por meio da simples ostentação de determinadas marcas, selos e modelos.

A mulher moderna usa desodorante íntimo e margarina (cada qual no seu devido lugar), fuma Charm, tem uma lavadora Brastemp, estuda na faculdade tal ou qual etc. E tem modelos para todas as situações. Os modelos também são excludentes. Os negros, por exemplo, não se sentem representados – a não ser em raras exceções.

AS CONSEQÜÊNCIAS DA BELEZA PRODUZIDA

O grande resultado dessa lógica perversa é que temos uma geração de mulheres infelizes e com baixa auto-estima. Particularmente as meninas sofrem com isso – basta ver a explosão de casos de bulimia e anorexia entre as jovens. Os transtornos alimentares, antes mais comuns entre as classes A e B, agora atingem todos os níveis socioeconômicos.

Ainda de acordo com a pesquisa Dove/Unilever, nove em dez mulheres querem mudar alguma coisa no corpo:

- Dois terços das mulheres entre 15 e 60 anos do mundo evitam atividades básicas da vida porque se sentem mal com sua aparência.
- Mais de 92% das garotas declaram querer mudar pelo menos um aspecto de sua aparência.

A isso poderíamos acrescentar a informação de que as mulheres com silicone nos seios freqüentemente se queixam de perda de sensibilidade. E assim, literalmente se transformam de sujeito a objeto do prazer alheio...

Outros estudos mostram que as mulheres brasileiras, comparativamente, são as que mais se submetem a sacrifícios pela "beleza". Isso inclui dietas, malhação, remédios, bulimia, anorexia, uso de cosméticos, operações plásticas e toda a parafernália oferecida para alcançar o inalcançável. A mulher brasileira busca se aproximar da silhueta típica das européias (mais longelíneas) ou das americanas (de peitos mais fartos).

Só em 2003 as brasileiras gastaram R$ 17 bilhões na compra de cosméticos e produtos de perfumaria. Apesar disso, a pesquisa realizada pela Unilever (Etcoff, 2004) mostra que, dos dez países investigados, entre eles Estados Unidos, Inglaterra e França, o Brasil aparece como aquele em que as mulheres estão mais desconfortáveis consigo mesmas, como demonstram as respostas dadas à pergunta "O que as brasileiras declaram ver quando estão diante do espelho?":

- Uma pessoa nada *sexy* 100%
- Uma imagem pouco bonita 98%
- Uma pessoa estressada 91%
- Alguém que precisa de plástica 54%
- Uma silhueta meio gordinha 51%

E, no caso brasileiro, com nossa programação televisiva comandada por Xuxas e Angélicas, as crianças brasileiras (que assistem mais à TV do que as demais, comparativamente com as estatísticas mundiais), além de serem as mais precocemente erotizadas, interiorizam também os modelos de beleza...

A FELICIDADE E A PROPAGANDA

"Você é o que você consome", diz a sociedade de consumo, destilando propaganda por todos os poros e intervalos. Junto com os produtos (e mais do que isso), são comprados os valores e o estilo de vida que estes sinalizam. E um maior ou menor grau de uma efêmera auto-estima, que se dissolve com a ilusão de felicidade, que não veio de brinde, ou como conseqüência efetiva da compra feita.

Mas, se por um lado absolutamente todos são submetidos a esses mesmos apelos e seduções, nem todos podem igualmente atender ao chamado do consumo. Vejamos um diálogo entre mulheres da cidade de São Paulo:

— *É coisa de cidade mesmo. Por exemplo, vai ocorrer uma bienal e você pensa: "Tenho de ir nessa bienal, senão não tenho papo". É uma ditadura horrível.*
— *É verdade.*
— *Se há algum evento acontecendo e você admite que ainda não foi, isso depõe contra a sua civilidade.*

Há os que podem mais, os que podem menos e os que nada podem consumir. A desigualdade é enorme, marcante e excludente. E, se você pouco ou nada consome, você não é nada. Isso tudo apesar da necessidade urgente de repensarmos a produção e o consumo devido à constatação, ainda que tardia, da finitude dos recursos naturais, que nos leva à necessidade de desenvolver formação e hábitos críticos com relação ao consumo consciente e sustentável.

Tudo isso em um planeta em que a ação do homem – e do sistema ávido de lucro hoje vigente, que até então considerou os recursos naturais como gratuitos e inesgotáveis – exige que repensemos o que e com que finalidade produzimos; o que consumimos e a necessidade real desse consumo; como este é distribuído e que destino damos aos resíduos resultantes. Educar para o consumo consciente e sustentável é tarefa de fundamental importância e urgência.

A "simplicidade voluntária", movimento iniciado no Canadá, estendeu-se pela Europa e amplia-se pelos Estados Unidos, com o mote "E quem precisa disso?". É prática, também no Canadá, a captação de uma porcentagem dos recursos destinados à propaganda para um fundo, gerido socialmente, que produz material educativo e propaganda para estimular a consciência crítica diante da publicidade. Nasce na Espanha o grupo que produz contrapropaganda e se intitula "Consuma até morrer".

No Brasil, revelam-se ainda tímidas as iniciativas nesse sentido, sendo rechaçadas com o máximo de vigor e recursos, como quando as TVs comerciais se insurgiram com uma poderosa campanha institucional, feita com atores famosos, contra a tentativa governamental de instituir a classificação indicativa da programação televisiva, maliciosamente caracterizada por elas como "a tentativa de volta da censura".

6. A VÊNUS NEGRA

No modelo social vigente, a beleza é branca. Dificilmente há diversidade de raças e etnias entre os modelos de beleza apresentados. As modelos, as atrizes, as mulheres mostradas pela mídia são, em sua imensa maioria, brancas. E preferencialmente loiras.

Até há pouco tempo, as mulheres negras se queixavam de invisibilidade na mídia, particularmente na TV, tanto na programação quanto nos comerciais. Estranha sensação essa, a de mirar o que deveria ser uma janela para o mundo e não se ver retratada nele. Estranho, na sociedade de consumo, não se ver retratada nem como consumidora... Como se não existisse ou simplesmente não fosse suficientemente adequada para ser mostrada.

Nas novelas, quando aparece alguma mulher negra, é geralmente fazendo o papel de empregada, de confidente da heroína ou, nas novelas de época, de escrava. Se a mulher aparece no noticiário, é como suspeita, vítima, bandida. Onde estão os cerca de 40% da população negra (pretos e pardos, como instituiu o IBGE)? Certamente sub-representados na mídia e invisíveis como modelos de beleza.

Mas, nos últimos tempos, como conquista e resultado da mobilização, vêm aparecendo mais figuras negras na mídia. A propaganda parece ter se antecipado nesse movimento. Mais antenados nas inovações, os marqueteiros e profissionais de criação parecem ter perdido o preconceito e se mostram dispostos a atender às demandas desse *segmento de consumidoras*. Devido à existência de uma parcela agora significativa de negros de classe média, bem como ao fato de a comunicação comercial estar sendo redirecionada para as classes mais populares, nas quais os negros estão mais presentes, esse "nicho de mercado" e mesmo suas demandas mais específicas (produtos adequados a seu cabelo e cor de pele) não puderam mais ser ignorados. Disso resultaram um maior consumo desse mercado étnico e mais lucros para quem nele apostou.

Não pode, portanto, ser ignorada a demanda de um segmento que reverterá em venda e lucro dos fabricantes e, por isso, passa a ser hoje mais contemplado com produtos e propagandas. Aos poucos, a programação de TV abre seu espaço. As capas de revista e a moda timidamente incorporam algumas modelos negras. Mas como são essas mulheres negras? Nariz o mais afilado possível, cabelos mais cacheados do que crespos, tom de pele mais claro. Mais uma vez, o modelo teoricamente possível mas, na prática, inalcançável...

Assim, no que se refere à auto-imagem decorrente da programação e comunicação comercial veiculadas pela mídia, a mesma seletividade estreita que se impõe às mulheres brancas como ideal de beleza novamente é exercida com relação às mulheres negras. A imagem se aproxima mais, a ponto de parecer formalmente possível de ser alcançada, como modelo – mas continua distante o bastante para ser predominantemente excludente... Tão difícil quanto se parecer com a Gisele Bündchen é se parecer com a Naomi Campbell.

Além disso, na programação ainda imperam a pouca diversidade, a limitação e os estereótipos. "Por que não uma patroa negra e uma empregada loira?", perguntam as representantes do movimento negro. Por que não um médico ou engenheiro negro? Enfim, personagens que possam servir de modelos aspiracionais, que mostrem uma realidade possível para crianças, jovens e adultos negros?

Finalmente, mais uma vez, no exíguo espaço que retrata a beleza negra não temos um tom mais forte, contornos e silhuetas mais característicos e diversos, cabelos mais crespos, perfis menos apolíneos e imagens da diversidade... A Vênus negra, assim como a branca, também fica no Olimpo, embora seja colocada como modelo de beleza possível.

7. OBESAS E GORDINHAS

Dados recentes dão conta de uma série de conseqüências da obesidade, seja no que se refere à saúde pública, seja no que se refere a comportamentos e atitudes da população. Duas notícias publicadas no site da BBC, em 2007 e 2008, podem nos ajudar a refletir sobre a questão. Vejamos as manchetes e as chamadas:

Um terço dos britânicos "está sempre de dieta", diz pesquisa
Um em cada três adultos está permanentemente de dieta na Grã-Bretanha, segundo pesquisa encomendada por uma das maiores redes de supermercados do país.[5]

Máquina comanda dieta de adolescentes britânicos
Uma máquina usada pelo Bristol Royal Hospital for Children, na Grã-Bretanha, está ajudando adolescentes a perder peso, simplesmente fazendo com que eles comam mais devagar.[6]

---
5 Disponível em: http://www.bbc.co.uk/portuguese/reporterbbc/story/2008/01/080109_britanicosdieta_ba.shtml. Acesso em março de 2008.
6 Disponível em http://www.bbc.co.uk/portuguese/reporterbbc/story/2007/11/071031_computadorobesidade_is.shtml. Acesso em março de 2008.

No Brasil, a preocupação se estende e aprofunda. Estar fora dos padrões de peso, além de obsessão das mulheres, parece ser parte de um cerco de exclusão social que cada vez se fecha mais. Segundo a pesquisa da Unilever já citada, no mundo, quatro em dez mulheres relatam já ter feito dieta.

Obesos que estão à procura de emprego deparam com o preconceito contra o excesso de peso. Cada vez mais o mercado se permite exigências maiores e, por vezes, inexplicáveis e inaceitáveis, a não ser pelo processo de "naturalização" das demandas discriminatórias. Hoje já não basta ser fluente em diversas línguas, ter noções de informática, uma boa formação na área, bom relacionamento para trabalhos em grupo. É preciso ainda ter o que decidiram chamar de "boa aparência" ou aparência "adequada".

As mulheres negras já descobriram que esse eufemismo disfarçava um puro e simples preconceito racial, na medida em que todo anúncio com esses dizeres excluía implicitamente os negros – a "boa aparência" é necessariamente branca. Mas não só. Hoje, alguns anúncios explicitam até a altura ideal para concorrer a uma vaga de recepcionista que, por vezes, tem agora de ser necessariamente negra. E, como vai ficando cada vez mais patente, é preciso também ser magra.

Pesquisa realizada em 2005 pelo Grupo Catho para detectar motivos de demissão e contratação de executivos brasileiros revelou que 65% dos 31 mil entrevistados tinham alguma restrição à contratação de pessoas obesas. A pesquisa revelou também que a aparência era um dos fatores decisivos na hora de escolher um candidato. Além disso, identificou que os mais magros ganham mais. Dados da Organização Mundial da Saúde (OMS) indicam que mais de um bilhão de pessoas no mundo têm excesso de peso. Esse número poderá chegar a 1,5 bilhão antes de 2015.

Considerados durante muito tempo problemas de países ricos, o excesso de peso e a obesidade se alastram também nos países pobres, aponta a OMS. Os hábitos alimentares modernos – aumento do consumo de calorias por dia, maior ingestão de sal, gordura e açúcar – somam-se aos costumes de vida cada vez mais sedentários, tanto pelas atividades profissionais modernas como pelo transporte motorizado e pelos hábitos de lazer, que pressupõem horas de inatividade física em frente ao aparelho de TV.

A obesidade começa a preocupar as autoridades na área de saúde, na medida em que é dito que ela tende a favorecer doenças associadas. Em conseqüência disso, seu tratamento tornou-se objeto de especialistas (nutricionistas, endocrinologistas, médicos de "regime", *personal trainers*, cirurgiões etc.). Mas as causas que levam a essa epidemia (propaganda e oferta de alimentação inadequada e vida sedentária) não são discutidas a sério.

Enquanto isso, graças aos novos meios de comunicação, surgem associações e comunidades virtuais que se organizam e reivindicam a adequação da estrutura social a suas necessidades. No Brasil, a chamada comunidade GG começa a lutar pelo direito de ser gordo – e sentir-se feliz com isso.

O mundo *fashion* também está sendo afetado pelo problema da obesidade e da busca insana da beleza magra. A morte da modelo brasileira Ana Carolina Reston e das modelos uruguaias Eliana e Luisel Ramos, que sucumbiram à anorexia, gerou maior discussão na sociedade. Na Inglaterra, coordenadores de desfiles internacionais passaram a vetar modelos com peso perigosamente inferior ao supostamente normal.

Recentemente, uma campanha publicitária de iogurte *light* foi tirada do ar. Ela mostrava várias imagens icônicas de Hollywood, substituindo a atriz original por uma modelo gordinha, supostamente para inspirar as mulheres a perder peso. O mote da campanha era: *"Esqueça. A preferência dos homens nunca irá mudar"*. Em nota oficial no site, a empresa diz que a campanha publicitária foi feita à sua revelia e ressalta que sempre se pautou pelo respeito aos consumidores.

Especialistas apontam outros tipos de discriminação sofrida pelos obesos, como a recusa de planos de saúde em aceitá-los como clientes. Socialmente, a discriminação dos gordos, além de "vender" produtos, profissionais e tratamentos, ajuda a fortalecer os padrões de beleza impostos. Ganha-se em controle, assim como em faturamento.

8. A VELHA

No Brasil, há hoje quase 15 milhões de idosos (pessoas acima de 60 anos). Destes, quase 9 milhões são mulheres. Os idosos correspondem a 8,6% da população brasileira, podendo chegar a 13% da população (30 milhões de pessoas) nos próximos vinte anos.

A velhice não dessexualiza o indivíduo; a sociedade, sim. No cotidiano, no dia-a-dia, vemos as mais diversas formas de discriminação. O envelhecimento é talvez uma das mais recorrentes. A beleza está sempre associada à juventude. E, na medida em que a beleza é o cartão de visita e a perspectiva de boa aceitação, ninguém quer envelhecer.

Hoje, num esforço de condescendência, a TV e a mídia em geral no máximo se permitem mostrar e nos permitem ver uma mulher de 40 ou 50 anos que mais parece ter 30. Mas terá sido sempre assim?

A velhice é o último período da evolução natural da vida. Implica um conjunto de situações – biológicas e fisiológicas, mas também psicológicas, sociais, econômicas e políticas – que compõem o cotidiano das pessoas que vivem essa fase. Não há comprovação de que o avanço da idade determine a deterioração da inteligência, que parece estar associada a educação e padrão de vida. A atividade sexual, que tende a diminuir com a idade, pode na verdade ser mantida indefinidamente por indivíduos fisicamente saudáveis.

A gerontologia – disciplina que se ocupa do idoso sob diferentes pontos de vista – progrediu muito na segunda metade do século XX, sobretudo no que se refere à geriatria, ramo da medicina que estuda as doenças da velhice e seu tratamento.

Na Antigüidade, a velhice representava a sabedoria, a experiência, e, pela valorização desses atributos, os velhos detinham boa dose de poder. Na mitologia, as deusas tinham sempre três faces – a da Virgem, a da Mãe e a da Velha. Das três, a Velha era a mais poderosa, pois detinha os segredos sobre a vida e a morte, a saúde, a cultura e tudo quanto era útil e importante para a vida. Em muitas culturas e civilizações, a velhice é vista com respeito e veneração: representa a experiência, o valioso saber acumulado ao longo dos anos, a prudência e a reflexão.

A atividade e o ritmo acelerado da vida na sociedade urbana moderna marginalizam aqueles que não os acompanham e, ao se recusar a permitir a discussão dos critérios de modernidade e progresso, essa sociedade transformou a condição dos idosos. Os velhos, desatualizados e descartáveis, são simplesmente marginalizados das decisões e de qualquer espaço do poder – a não ser que o poder econômico e político que tenham conseguido amealhar os diferencie da sorte comum aos demais.

E as velhas? Sabemos que a longevidade das mulheres é maior que a dos homens, em média, oito anos. E que elas têm desempenhado, no Brasil, uma função importante na família – ajudam a sustentá-la à custa de sua magra aposentadoria, cuidam dos netos enquanto a filha se dedica ao trabalho e/ou ao estudo e exercem, enquanto podem, alguma atividade produtiva.

Mas, no que se refere à beleza, como tem sido a imagem da velha? E por quê? A velha bruxa quer capturar a bela jovem para se apropriar de sua juventude e recuperar a beleza. Qualquer sacrifício vale a pena, mesmo que seja o sacrifício do outro... Às que não são bruxas sobra o recurso aos cremes, às massagens e operações plásticas, à tintura de cabelo e outras parafernálias, que cada vez cumprem menos suas promessas.

Assumir simplesmente a cor natural do cabelo, o que nos homens é até considerado charmoso, é impensável. E, quando algum fluxo nômade escapa trazendo junto mechas e cabelos grisalhos, que começam a se transformar numa tendência, mesmo que minoritária, a discussão é intensa. Cabelos brancos são vistos como sinal de "relaxamento" e auto-abandono.

O envelhecimento é inevitável, e a cultura obriga a mulher idosa a se habituar à discrição e à invisibilidade, depois de anos de treinamento para perceber e decodificar o olhar do outro sobre si como uma conquista e conseqüência de ter sabido realçar devidamente seus atributos físicos. Olhar alheio, que é preciso saber captar, mas manter à devida e segura distância. Despertá-lo sempre, sempre merecê-lo, mas negar, sonegar, não entregar, resguardar na medida exata... Uma lenta aprendizagem construída ao longo do tempo que, quando se torna bem conhecida, já não serve para nada.

Junto com a pele de cetim vai-se parte do arsenal que aprendemos a utilizar para chamar a atenção e dizer a que viemos. Agora é só o discurso, a seco, e a ação que nos limitam. A prática, a experiência... Mas quem quer saber de experiência, neste mundo envolto num redemoinho cada vez mais rápido de mudanças?

Reportagem publicada pelo site da BBC em março de 2008[7] mostra que a Associação Britânica de Especialistas em Dieta (BDA, na sigla em inglês) divulgou um alerta sobre o aumento no número de casos de bulimia e anorexia entre mulheres acima dos 50 anos na Grã-Bretanha. O número de homens em tratamento também cresceu. No Brasil, esse aumento também foi notado em ambos os sexos.

Ah, si jeunesse savait, si vieillesse pouvait! [Ah, se a juventude soubesse, se a velhice pudesse!]. E se, como diria Machado de Assis, pudéssemos

---

7 Disponível em: http://www.bbc.co.uk/portuguese/reporterbbc/story/2008/03/080304_anorexiapacientesidade_np.shtml. Acesso em março de 2008.

juntar as pontas... Mas é justamente o que o sistema montado não pode permitir.

O caminho certo da economia, o rumo e ritmo certos do progresso, que nos levam cada vez mais celeremente ao comprometimento do equilíbrio ambiental, à injustiça e à exclusão social, assim como a tantas outras coisas questionáveis – se pudéssemos parar para questioná-las... Se pudéssemos refletir...

Mas afastem-se das velhas – elas devem representar simples e tão-somente tudo que as jovens *não* gostariam de ser. Elas têm de ser o risco, a decadência, a bruxa feia e má. Embora, no que se refere à estética, sejam uma das principais contribuições para a venda de cosméticos, produtos e tratamentos – tanto para si como para as jovens que precisam, a todo custo, adiar o máximo possível "chegar lá".

9. MEA-CULPA

Ai, meu Deus! Eu não agüentei! Cedi à tentação! Me arrependi tanto! Eu prometo, prometo, prometo que fico três dias na maior abstinência se eu for absolvida. Só hoje, meu Deus, só hoje, faça que a balança não acuse meu deslize de ontem. Prometo não repetir. Amém!

Subo na balança-nossa-de-cada-dia, respiro fundo, tomo coragem e abro os olhos... Ó, céus! Meio quilo a mais! Eu bem que mereço o castigo! Quem mandou beber só porque era aniversário da Bebel! Deu nisso! Eu mereço!

Olha só! Um pé-de-galinha! Este é novo! Aí, no cantinho! E este franzidinho no nariz que não desmancha mais! Sorriso besta que me faz franzir o topo do nariz. Depois dizem que sou expressiva – mas veja o preço!

Também adoro sol e tenho dispensado os cremes – o hidratante diurno, o creme para passar ao redor dos olhos, o de limpeza para o fim do dia, a loção tonificante com massagenzinha e o hidratante noturno. Para, de manhã, começar tudo de novo, outra vez. Isso sem contar o creme para as mãos, a loção hidratante para o corpo, depois do banho, antes de dormir... Cansa!

Desde que me conheço por gente, vejo minha mãe passando seus creminhos. Minha mãe ainda é jovem, mas, apesar dos cremes e do rigor com que se cuida, tem lá suas rugas. Também, nenhuma plástica! Os cremes ajudam, mas não conseguem deter o tempo nem as marcas. Mas, então, para que usá-los? Só para não se culpar por não ter feito tudo que podia para alcançar o sonho impossível de não envelhecer? Como se fosse possível!

QUESTÃO DE "CULTURA"

— Que horror! Em países da África submetem as meninas à incisão do clitóris, como hábito cultural!

— Que terrível! As mulheres ocidentais cortam a própria carne, nas tais "operações plásticas", sem que estas tenham sequer significado cultural!

Só em 2003, as brasileiras gastaram R$ 17 bilhões na compra de produtos cosméticos e de perfumaria. Dezessete bilhões! Bi. E não ficamos mais belas nem mais jovens, tampouco melhoramos nossa auto-estima!

Pesquisas mostram que, no Brasil, as mulheres estão bastante desconfortáveis consigo mesmas. Desconfortáveis e provavelmente com sentimento de culpa. Uma geração com baixa auto-estima. A quem serve isso?

A verdade é que isso vende. Vende, vende, vende toda a parafernália de produtos, profissionais e serviços que não entregam o que prometem – como, aliás, ocorre com qualquer produto anunciado na mídia que, mais do que qualquer característica, ação ou desempenho, nos promete felicidade, modernidade ou sucesso.

Mas também é possível vender a mulheres sem necessariamente rebaixar tanto sua auto-estima – porque, se o modelo parece demasiado distante e inalcançável, algum senso de realidade poderá levar a consumidora a não se interessar pelo produto (é o que chamam de *over promise*). É o que descobriram algumas marcas como a Dove, que em anúncios inclui até mulheres consideradas gordinhas; e a Natura, que mostra uma mulher de 50 anos entre suas garotas-propaganda. Entretanto, convém notar que, embora ampliem o leque, essas marcas continuam valorizando a "beleza". Selecionam gordinhas de corpo bem composto e "mulheres maduras" de aparência invejável. Parecem estar, antes, definindo um novo padrão, mais adequado aos nossos tempos – em que a obesidade se espalha feito epidemia e a longevidade se estende ainda mais –, do que questionando ou abrindo mão da venda de valores (e produtos) "de beleza".

E por que rebaixar a auto-estima das mulheres? Talvez porque, com baixa auto-estima, elas aceitem qualquer coisa, por não se acharem merecedoras do melhor. Aceitam ganhar menos que os homens pelo mesmo trabalho, mesmo que tenham anos a mais de estudo, sejam mais confiáveis e rendam tanto ou mais do que eles; aceitam ser consideradas cidadãs de segunda categoria; aceitam ver cenas, comerciais e filmes em que se sucedem situações de violência – sexual ou não – contra a mulher.

As pesquisas mostram que 92% das garotas querem mudar pelo menos um aspecto de sua aparência, o que representa um forte motivador de consumo de produtos que prometam fazer isso. Não que eles cumpram o que prometem, mas pelo menos cada mulher pode se isentar da culpa que recai sobre si se engordar ou não se parecer com a diva do momento.

O problema fica ainda mais grave quando lembramos que a aparência hoje é considerada o reflexo do equilíbrio interno. Quem não se cuida não é vaidosa; quem não é bela sinaliza que não se ama o bastante para cuidar devidamente de si. As feias e relaxadas de corpo e aparência devem também sê-lo interna e psicologicamente.

Em algumas fases da vida, podemos encarar o desafio com galhardia ou até insolência. Mas, quando a sociedade nos faz pagar o preço pela aparência, o sentimento de culpa é quase inevitável, fazendo surgir a pergunta: "Terei feito tudo que era possível?"

10. OS HOMENS

Subitamente cercados por mulheres em todos os ambientes, os homens se viram às voltas com companheiras, colegas e concorrentes cuja competência se afirma cada vez mais. E, cautelosos, observam sua estratégia, suas armas.

Enquanto eles vão trabalhar todo dia com o mesmo "uniforme", seja macacão, seja o mesmo terno e gravata cinza ou azul-marinho, elas passam leves, lindas, coloridas, perfumadas – impossível ignorar sua presença! Daí a pouco, elas começam também a estar na chefia, ganham promoção, galgam os degraus da carreira. O que fazer para não ficar para trás?

Numa propaganda da TV, a atriz Vera Fischer, ex-*miss* Brasil, abre a porta de casa e depara com um homem. Olha para ele e diz: "Cabelos grisalhos? Ah, não!" E fecha a porta. Em seguida, aparece um produto que "elimina naturalmente os cabelos brancos". E, com cabelos escurecidos, o homem torna a apertar a campainha. Vera Fischer novamente abre a porta, olha e diz: "Ah, agora, sim!"

Dupla ameaça se desenha, portanto, no cenário masculino. Por um lado, os homens ganham uma concorrente de peso no mercado de trabalho, que ainda vem munida de armas que acrescentam visibilidade à sua presença – para além de sua competência. Por outro lado, as mulheres mais desejáveis, como a Vera Fischer na propaganda, sinalizam a importância da "boa" aparência como requisito para a conquista. Fica cada vez mais difícil ignorar esses novos quesitos – bem como a existência de uma parafernália de produtos e procedimentos que podem ajudar nessa área.

Pronto! Agora os homens tingem o cabelo, usam cremes anti-rugas, malham, vão à academia, submetem-se a dietas, fazem cirurgias plásticas e são hoje um segmento tão interessante para o "mercado" que já dispõem de lojas e cantinhos especializados nos supermercados para a compra de cosméticos, nos quais podem desinibidamente escolher "seus" produtos de beleza. Entregam-se alegremente a essa ciranda, certos de, assim, dispor de mais armas para o sucesso e a manutenção da juventude. Mas vão, sem perceber, submetendo-se também à ditadura da aparência – numa atitude calorosamente acolhida pela indústria da beleza e do mito da eterna juventude.

Em casa, a mulher amada estimula: "Que bom, você está se cuidando. É bom mesmo tratar dessa barriguinha!" Estaremos mais felizes se compartilharmos os mesmos grilhões? Ou não seria melhor se eles tivessem aprendido a ver nas mulheres o que elas conseguem perceber neles – seres sensíveis, beleza interior, caráter, inteligência, personalidade, franqueza, responsabilidade, um detalhe diferenciado (as mãos, os olhos, a boca, o jeito de jogar a cabeça para trás quando ri) –, ou seja, traços que vemos mais com a intuição e com o coração do que com a fita métrica e a análise da pigmentação dos cabelos?

11. O CONSUMO

Vivemos, hoje, na sociedade de consumo prevista por Marcuse. Com o advento do neoliberalismo e da globalização, nos demos conta de que, embora a tecnologia permita potencialmente uma sociedade de abundância, vemos na prática novos problemas e agravantes, como o aprofundamento das desigualdades e a exclusão social de enormes contingentes de trabalhadores.

A finitude dos recursos naturais, até então considerados inesgotáveis, cujo custo (econômico, social e ambiental) nunca foi computado, dá claros sinais da gravidade da situação a que esse modelo de produção, consumo e distribuição de riquezas nos levou. Hoje, ao mesmo tempo que se questionam a produção e o consumo (o que produzimos, por que produzimos, como e o que consumimos), a riqueza e o consumo são absolutamente desiguais e ambientalmente insustentáveis.

Enquanto a "simplicidade voluntária" se estende do Canadá à Europa e, de lá, aos Estados Unidos, a redução do uso dos recursos naturais, o reuso e a reciclagem aparecem como demandas prementes, quanto de nosso orçamento gastamos em cosméticos, dietas, cirurgias e tratamentos visando ao embelezamento? Que peso isso representa no orçamento feminino, já que as mulheres trabalhadoras são mais mal remuneradas que os homens? Quantas horas do dia gastamos nesses cuidados? Que recursos da natureza são utilizados para a produção de cosméticos, perfumes etc.?

Existe mesmo algum produto que impeça a formação de rugas? Alguma dieta que garanta a manutenção do peso? Ou estaremos gastando horas a fio, uma porcentagem significativa do nosso orçamento e uma porção de recursos naturais para consumir... placebo? Algo que não tem efeito nenhum, nos deixando enganar puramente para diminuir o peso da culpa de não ter tentado de tudo?

Mas também não vamos nos culpar de fraqueza. A indústria da propaganda e todo o jogo de sedução em torno do consumo são sofisticados, insinuantes e poderosos. Não é tarefa fácil resistir. A promessa, porém, não se cumpre e o vazio existencial continua à espera de ser preenchido. Não surge a prometida liberdade, não vem a moça de brinde na compra do carro, a liberdade não se compra na loja junto com a calça jeans, as rugas avançam com o tempo, implacavelmente.

Com o monopólio e os oligopólios, o que avança é, sob o manto de uma aparente diversidade e necessidade de se distinguir da massa, a efetiva pasteurização dos gostos, triturando as culturas e a diversidade. E isso com o auxílio da arte e de artistas, de pesquisadores em busca de patrocínio, a serviço da sociedade de consumo, ajudando a determinar nossa auto-imagem, nossas aspirações quanto à aparência e à nossa forma de nos posicionar sozinha ou num relacionamento.

Como bem dizia Marcuse (1999, p. 13):

> *Como a sociedade afluente depende cada vez mais da ininterrupta produção e consumo do supérfluo, dos novos inventos, do obsoletismo planejado e dos meios de destruição, os indivíduos têm de adaptar-se a esses requisitos de um modo que excede os caminhos tradicionais. [...] A administração científica das necessidades instintivas converteu-se, desde há muito, em fator vital na reprodução do sistema: a mercadoria, que tem de ser comprada e usada, traduz-se em objetos da libido.*

Não fossem as brechas e contradições no interior do sistema, seríamos todas Barbies, aguardando modelos para vestir, namorar e ser, ou desesperadas por sê-lo – formas vazias da reconfiguração contínua de si, parecendo aceitar, dissolver e passar por todos os conteúdos. E, nessa aldeia global de nossos pesadelos, vivemos a determinação e a erosão da auto-estima, a exclusão social e a marginalização, o medo da morte e do envelhecimento.

A aparente aceitação de uma maior diversidade, na vida real e na mídia – quer de modelos, quer de pensamento, quer de espaço para o contraditório –, se dá a duras penas. Sem que haja um espaço para o que essa diversidade realmente significa, ela vai sendo neutralizada no mesmo processo de pasteurização. E num mundo em que, diante do fracasso tanto do projeto liberal quanto do projeto socialista de bem-estar social, o direito à felicidade se reduziu à atual "ética do direito ao gozo" – breve, passageiro, ligado ao mercado e à liberdade de consumo. Num mundo onde a publicidade cria um cenário de dificuldade para vender alívio e felicidade, como diz o publicitário Roberto Menna Barreto, que encontrei numa palestra do Congresso de Psicologia de 2007, no Rio de Janeiro.

O QUE SE FAZ
12. E SE DEIXA DE FAZER

Mesmo que se sintam ou se digam belas – quer no todo, quer em algum pequeno espaço corporal em meio à humana imperfeição –, são muitas as mulheres que se engajam numa série de procedimentos e práticas que prometem a beleza. Segundo a pesquisa Dove/Unilever:

- Uma em cada dez mulheres admite ter comportamentos como se recusar a comer ou comer compulsivamente e vomitar em seguida. Essa prática predomina entre meninas mais jovens (de 15 a 17 anos).
- As mulheres que estão insatisfeitas com o peso e a forma do corpo são significativamente mais propensas a fazer dieta ou ter comportamentos compulsivos do que as que estão satisfeitas.
- Cirurgias e procedimentos cosméticos ainda são os rituais de beleza menos praticados, mas o grau de conforto com eles é alto. O Brasil apresentou o maior índice de mulheres que declararam ter feito cirurgia plástica.
- Embora somente 2% das mulheres, em nível global, relatem ter feito cirurgia plástica, 25% dizem que considerariam fazê-lo. Essa perspectiva é compartilhada por todos os grupos etários.

Quais são os rituais de beleza mais comumente praticados? Cirurgias e procedimentos cosméticos, como operação de nariz, implante de silicone ou injeções anti-rugas; comportamentos como se recusar a comer ou comer compulsivamente e vomitar em seguida; práticas de beleza como usar maquiagem, ir à manicure ou alisar os cabelos.

A pesquisa afirma que, ao se sentirem mal com relação à aparência, as jovens falam primeiro com familiares ou amigas, o que sugere uma pequena oportunidade de influenciar o seu discurso nessa questão, caso elas encontrassem pessoas e falas com outros valores. Mas, depois da busca do diálogo, outros comportamentos foram detectados para lidar com sentimentos negativos a respeito da aparência: ficar em casa, dormir ou assistir à TV.

Em termos comparativos com os demais países da amostra, o Brasil teve mais menções a fazer tratamentos de beleza, como ir à manicure, por exemplo, para lidar com tais sentimentos. Já na Grã-Bretanha, houve mais menções a comer e a comportamentos compulsivos relacionados com a comida como mecanismos para lidar com esses sentimentos.

O INÍCIO

A pesquisa mostra que 97% das meninas com idade entre 15 e 17 anos acreditam que mudar algum aspecto de si faria que se sentissem melhor. Atualmente, a maioria das meninas nessa faixa etária procura se tornar mais confiante, mais magra, mais alta e mais esportista. Quando a questão é colocada em perspectiva (por meio de afirmações sobre o passado), 93% das mulheres identificam que seus sentimentos para consigo mesmas teriam melhorado caso conseguissem mudar algo em si – sendo mais confiantes e extrovertidas e, em seguida, mais magras.

Uma em dez meninas, em nível global, diz que sua preocupação com a aparência física e facial e com o peso e a forma do corpo começou entre 6 e 11 anos, geralmente entre 12 e 14 anos. Portanto cedo, muito cedo, talvez enquanto ainda brincassem de boneca – aquelas bonecas cuja silhueta já insinua curvas e pesos de *miss*. E, quanto mais cedo essa preocupação é introjetada, mais negativo é o impacto sobre a futura satisfação e auto-estima.

O início da preocupação com a aparência coincide com a idade em que a maioria das mulheres passa a agir nesse sentido e começa a praticar seus "rituais" de beleza – como usar maquiagem e fazer dieta. No Brasil, as meninas relatam ter começado a usar maquiagem com 12 anos; nos Estados Unidos, dizem que foi nessa idade que começaram seus problemas com comida. No Canadá, no Reino Unido e na Arábia Saudita, afirmam ter começado a fazer dieta com 13 anos.

A resistência existe, mas define um comportamento absolutamente minoritário. Só 8% das mulheres entrevistadas dizem nunca ter se preocupado com a aparência física geral, e somente uma mulher em dez diz nunca ter se preocupado com o peso e a forma de seu corpo.

As mães parecem se perfilar no pólo de resistência e sua influência, segundo a pesquisa, é muito mais positiva sobre a satisfação física da menina – contrariamente à influência das amigas, compreensivelmente imbuídas dos mesmos valores e exercendo uma influência mais negativa sobre sua satisfação com o físico. Finalmente, a influência negativa é ainda mais profunda quando a mídia e as celebridades são as principais fontes de primeira influência sobre os sentimentos da mulher em relação à sua beleza e imagem corporal.

A pesquisa tem também algumas indicações que confirmam nossas afirmações sobre a importância da mídia, bem como de atitudes na infância. A maioria das entrevistadas afirma que uma mudança na maneira de retratar ideais de beleza, quando elas estavam crescendo, teria sido bem-aceita. Mais da metade das mulheres preferiria ter visto mulheres e meninas mais parecidas com elas nas revistas quando eram adolescentes. E mais da metade das entrevistadas gostaria que sua mãe tivesse conversado mais com elas sobre sua beleza e imagem corporal quando estavam crescendo. Essa percepção se acentua depois que passa a fase de contestação adolescente, e esse sentimento aparece mais fortemente nas culturas orientadas à família, como é o caso do Brasil.

Por outro lado, quase 75% das mães com filhas de até 17 anos esperam não ter transmitido sentimentos de insegurança ou falta de autoconfiança a elas. As duas pontas parecem, portanto, querer se complementar.

De modo geral, as mulheres exprimiram forte desejo de ter um discurso construtivo em relação à beleza, em particular à imagem corporal, mais cedo na vida. E nove em dez mulheres de 15 a 64 anos acham que é importante ajudar as meninas mais novas a criar uma imagem corporal realista e saudável. Para isso, crêem que o discurso sobre imagem corporal deva ser ativo e começar cedo, sentimento este compartilhado por todas as faixas etárias e regiões.

Oitenta por cento das mulheres entrevistadas dizem que é preciso começar a conversar com as meninas mais cedo sobre a verdadeira beleza. Assim como a maioria das entrevistadas acredita ser fundamental que as mulheres apóiem a beleza das outras mulheres. Finalmente, a lição mais importante que elas esperam que as próximas gerações aprendam que o primordial é comer de maneira saudável, e não simplesmente fazer dieta.

O que podemos concluir com os dados dessa pesquisa?

Como primeiro ponto, temos a constatação da importância e dos efeitos negativos que os atuais ideais de beleza provocam nas mulheres – não só nas adultas como também, e de forma mais marcante, nas meninas. A insatisfação com o peso e a forma do corpo cria o maior impacto sobre a auto-estima e o senso de valor da mulher.

A satisfação com a aparência e auto-estima, por sua vez, provoca um impacto sobre a capacidade da mulher de se engajar integralmente na vida. Pensamentos negativos em relação a si mesma causam insegurança, um cansaço que bem pode ser psicológico e uma maior probabilidade de evitar engajamento e atividades.

A adolescência parece ser o ponto nevrálgico, mas não porque a interiorização da inadequação ao ideal de beleza não comece mais cedo. Nesse período, as mães poderiam, mais cedo, desempenhar um papel mais importante para reafirmar a adequação social e a aparência das filhas. O problema é que, sendo elas mesmas "colonizadas", como poderiam transmitir uma segurança maior do que sentem? Ainda assim, seu conhecimento mais aprofundado da filha a fará ver sua verdadeira beleza – o que tem efeitos positivos e reafirmadores.

Se mais mulheres se perfilassem nesse sentido, teríamos uma força de pressão maior, como já tivemos ao longo da História, que poderia alavancar e fortalecer novos parâmetros para a auto-estima e sensação de adequação física e estética.

13. A SAÍDA?

O ato da compra é solitário. A introjeção de modelos aspiracionais, inclusive de beleza, também parece solitária. Mas vamos a ele movidas por uma parafernália poderosa que exibe todas as suas forças e sutilezas no jogo desigual de convencimento. Quem há de resistir solitariamente? Mas, cá e lá, a História é salpicada de exemplos de resistência – ora bem, ora malsucedidos. E, no que tange às mulheres, a história de sua resistência à dominação parece fluir feito um rio, algumas vezes subterrâneo e invisível, em outros momentos correndo na superfície.

Por várias vezes, ao longo da História, conseguimos modificar nossa imagem e o destino que desenhavam para nós. Embora ainda distantes do mundo igualitário e fraterno de nossos sonhos – onde haveria espaço e respeito pela diversidade –, conseguimos inscrever muitas mudanças. Dar visibilidade a imagens e possibilidades distintas das que nos propõem possibilita pensar criticamente, abre o leque de alternativas para a composição da subjetividade de cada mulher.

Infelizmente, muitas dessas mulheres guerreiras caíram na armadilha da aparência. Quiseram provar a si e ao mundo que seriam capazes, sim, de situar-se em contextos diferentes, de exercer funções até então inacessíveis, de fazer novas escolhas *sem deixar de ser femininas e graciosas*. O problema é que a definição de feminilidade e graciosidade é justamente a armadilha que tudo repõe em questão. Há várias maneiras de garantir a simpatia, a atenção, a solidariedade, o interesse, a paixão. A natureza e nosso caráter de sociabilidade nos oferecem um repertório imenso, de combinações infinitas.

Abandonar os ideais impostos de beleza não representará nenhuma perda. Será, antes, um enriquecimento que virá da abertura para uma multiplicidade de possibilidades, para o infinito, para a vida. As gerações futuras – e talvez parte desta – se beneficiarão enormemente de um discurso construtivo e diverso com relação aos valores, à beleza e às áreas afins.

É essencial construirmos um discurso no qual a alimentação saudável e equilibrada seja mais importante do que a dieta; no qual a vida menos sedentária e as imagens realistas, múltiplas e relativas de beleza ganhem força; e no qual criemos condições de conseguir nos contrapor à manipulação da mídia e dos interesses avassaladores, desiguais e excludentes da sociedade de consumo. É preciso garantir, para além das condições de saúde e bem-estar de todos, a beleza da diversidade e a diversidade da beleza.

REFERÊNCIAS BIBLIOGRÁFICAS

BOWLBY, John. *Apego e perda 1– Apego: a natureza do vínculo*. São Paulo: Martins Fontes, 2002.

CASH, Thomas F.; HENRY, Patricia E. "Women's body images: the results of a national survey in the USA". *Sex Roles*, v. 33, 1995, p. 19-28.

ETCOFF, Nancy. *A lei do mais belo: a ciência da beleza*. Rio de Janeiro: Objetiva, 2004.

FOUCAULT, Michel. *Vigiar e punir: nascimento da prisão*. 34. ed. Petrópolis: Vozes, 2007.

GUATTARI, Felix; DELEUZE, Gilles. *O anti-Édipo*. Lisboa: Assírio & Alvim, 1996.

LOPEZ-CLAROS, Augusto; ZAHIDI, Zaadia. "Women's empowerment: measuring the global gap gender". Genebra: World Economic Forum, 2005.

MARCUSE, Herbert. *Eros e civilização: uma interpretação filosófica do pensamento de Freud*. Rio de Janeiro: LTC, 1999.

SCHILDER, Paul. *A imagem do corpo – As energias construtivas da psique*. 3. ed. São Paulo: Martins Fontes, 2000.

THOMPSON, Clara M.; GREEN, Maurice R. *On woman*. Nova York: New American Library Trade, 1983.

VIGARELLO, Georges. *História da beleza – O corpo e a arte de se embelezar do Renascimento aos dias de hoje*. Rio de Janeiro: Ediouro, 2006.

WHEELER, Lad; REIS, Harry; NEZLEK, John. "Loneliness, social interaction and sex roles". *Journal of Personality and Social Psychology*, v. 45, 1983, p. 943-954.

WOLF, Naomi. *O mito da beleza – Como as imagens da beleza são usadas contra as mulheres*. Rio de Janeiro: Rocco, 1992.

IMPRESSO NA

sumago gráfica editorial ltda
rua itauna, 789 vila maria
02111-031 são paulo sp
telefax 11 **6955 5636**
sumago@terra.com.br

GRÁFICA
sumago